Der Geldcrash

Krisenwegweiser

So retten Sie Ihr Vermögen

Herausgeber:
Günter Hannich
Copyright 10/1999
1. Auflage
ISBN 3-00-005077-9

Grafiken:	Günter Hannich
Karikaturen:	Atelier Schwandt, Ahlen
Umschlag:	Anton Reiser
Druck und Einband:	WB-Druck GmbH, Rieden

Vorwort

In den vergangenen Jahren wurde von besorgten Sparern zunehmend die Frage aufgeworfen, ob die persönlichen Vermögensanlagen in naher Zukunft von Krisen bedroht werden könnten. Zwar haben die bisherigen Wirtschaftskatastrophen immer nur andere Länder getroffen, doch stellt sich die Frage, ob Deutschland auf immer eine Insel der Seligen bleiben wird.

Anfang 1998 erschien die erste Auflage des Buches "Sprengstoff Geld - Wie unser Zinssystem die Welt zerstört". Ich beschrieb darin die zwangsläufig entstehende Instabilität im Kapitalsystem. Seither wurde der Autor in vielen Anfragen und Vorträgen immer wieder mit der besorgten Frage des Publikums konfrontiert, wie denn ein Zerfall unseres Finanzsystems vorstellbar sei und wie das persönliche Vermögen gerettet werden könne. Im vorliegenden Buch "Der Geldcrash - Krisenwegweiser" soll nun die Vermögensanlage des einzelnen im Mittelpunkt stehen. Gerade hier wird der Anleger oftmals von der Fachwelt im Stich gelassen. Bei der Frage von Geldanlagen erweisen sich die meisten Empfehlungen von "Experten", bei näherer Betrachtung, als untauglich. Meist wird nur die gegenwärtige Situation optimistisch in die Zukunft projiziert; dementsprechend fallen auch die Empfehlungen aus. Da in den offiziellen Szenarien Krisen nicht vorkommen, werden auch alle dementsprechenden Vorsorgestrategien für unnötig erklärt.

Vergessen wird hierbei, daß es sich bei unserem Geldsystem keineswegs um eine stabile Ordnung handelt, sondern sich die Probleme in immer kürzeren Zeitabschnitten aufschaukeln und letztlich sogar das System zum Zerfall bringen. Im Gegenteil: Die Krisen stellen in unserem System sogar den Normalzustand dar. Immer wieder verloren sorglose Anleger ihr Vermögen.

Wie Ende der zwanziger Jahre unseres Jahrhunderts, als die Bevölkerung in einer großen Euphorie zur Investition auf dem Börsenparkett animiert wurde und später alles verlor, wird auch in Zukunft nur derjenige ungeschoren davonkommen, der sich rechtzeitig Gedanken um die richtige Strategie gemacht hat.

Im vorliegenden Buch werden die offiziell verdrängten Fehler im Geldsystem beschrieben und daraus logische Schlußfolgerungen für mögliche Krisenszenarien entworfen. Die Auswirkungen der zu erwartenden Geschehnisse auf unterschiedliche Vermögensanlageformen sollen ausführlich diskutiert werden. Erklärte mein erstes Buch "Sprengstoff Geld" überwiegend die Funktionsprinzipien unseres Kapitalsystems und zeigte grundlegende Lösungen für ein stabiles Geldsystem auf, konzentriert sich dieses Buch auf die Gefahren für Ihr privates Vermögen und gibt Ratschläge, was Sie zur Vermeidung von Nachteilen unternehmen können. Manche Leser werden die dargelegten Fakten und Szenarien erschrecken, jedoch hilft es Ihnen wenig, wenn Sie Ihr Vermögen verlieren, weil Sie sich gescheut haben, der Realität ins Auge zu schauen. Dabei kann nur die vorurteilsfreie, logische Betrachtung zum Erfolg führen.

Anlageberatung

Experten, Analysten, Forschungsinstitute

Das Geldwesen wird im allgemeinen als sehr komplex dargestellt. Niemand, der nicht ein ausgiebiges Studium absolviert habe, so wird argumentiert, sei in der Lage, die Strukturen zu durchschauen. Der Anleger wird dabei meist auf das Urteil von Experten und Analysten verwiesen. Kaum bekannt ist, daß gerade auf das Urteil dieser Personen oftmals wenig gegeben werden kann. So erklärte der Investment-Professor Werner de Bondt, nach der Analyse von 40000 Ergebnisschätzungen, daß eine größere Anzahl von Analysten in keiner Weise zu genaueren Gewinnprognosen führen könne. Die Vorhersagen seien regelmäßig zu optimistisch und tendierten zum Extremen.[1]

Auch der Investmentexperte Marc Faber meinte, daß sich die wirtschaftlichen Umstände oftmals dann änderten, wenn die Masse der Anleger meint, die Richtung erkannt zu haben. Vorsicht sei geboten, wenn die ganze Welt von einem Anlageobjekt fasziniert sei und fest daran glaubt, mehr daran verdienen zu können als durch eigene Arbeit.[2] Oft ist in optimistischen Aussagen von Experten sogar ein Warnsignal zu sehen, der Anlage zu mißtrauen. So riet der Begründer der technischen Analyse, Humphrey B. Neill, Anlegern, auf der Hut zu sein, wenn Erklärungen von Experten zu vernehmen sind, daß "diesmal alles anders" werde. Weiter zitierte er den Begründer der Massenpsychologie Le Bon, welcher die Tendenz von Massen zu irrationalen Entscheidungen gegenüber dem Individuum betont hat.[3] Auch der Anleger selbst tendiert zu optimistischen Annahmen und ignoriert gern die Risiken. Eine Studie der Universität Mannheim hat ergeben, daß die Risiken von Anlageformen durch die Anleger oft unterschätzt werden. Wenn den Personen das Risiko verbal und als Grafik gezeigt wurde, war die Unterschätzung des Risikos am größten.[4] Oftmals wird der interessierte Anleger auch auf Aussagen von Notenbankchefs verwiesen. Leider sind hier meist wenig Informationen zu gewinnen. So erklärte beispielsweise der amerikanische Notenbankpräsident Grennspan, daß das schwerste an seiner Aufgabe das Erlernen einer Sprache gewesen sei, welche öffentlich viel sagt, was letztlich nichts aussage.[5]

Auch die Urteile von Wirtschaftsforschungsinstituten sind meist nicht für objektive Vorhersagen zu gebrauchen. Mit der Tatsache konfrontiert, daß die meisten Prognosen in der Vergangenheit falsch waren, erklärte der Leiter der Konjunkturabteilung im Kieler Institut für Weltwirtschaft, Joachim Scheide: "Natürlich haben wir uns schon oft geirrt". Claus-Heinrich Daub von der Baseler Prognos AG ist sogar überzeugt, daß auch falsche Prognosen gut seien, da sie die Menschen zwingen würden, sich mit der Zukunft zu befassen.[6] Die Prognosen sind meist viel zu optimistisch, so behauptete eine Untersuchung der Unternehmensberatung McKinsey 1995, daß Indonesien der attraktivste Unternehmensstandort im Jahr 2004 sein solle.[7] Nach der Währungskrise seit 1997 versinkt das Land im Chaos. Ein Beispiel für falsche Vorhersagen, welche nicht die Funktion des Systems berücksichtigen. Der Anleger findet auch für zunehmende Finanzkrisen keine stichhaltigen Erklärungen bei den Experten. So erklärte beispielsweise der Präsident des Institutes für Weltwirtschaft, Herbert Giersch, daß Finanzkrisen Verwirrtheitszuständen ähneln, welche man erlebe, wenn man aus einem Alptraum erwache.[8] Die Krisen scheinen, nach Meinung von Giersch, offenbar keinen realen Hintergrund zu haben. Ähnlich äußerte sich das Vorstandsmitglied der Deutschen Bank, Thomas Fischer, als er verlautbarte, daß Finanzkrisen in jedem marktwirtschaftlichen System immanent seien.[9] Offenbar haben die Experten keine Erklärung für die Krisen. So bleibt dem Anleger nur die einzig sinnvolle Alternative, sich selbst ein eigenes Urteil zu bilden. Wer einmal erkannt hat, daß die grundlegenden Abläufe im Finanzsektor auf einfachen Grundlagen beruhen, kann das Wissen für eigene Entscheidungen nutzen. Während man in allen Bereichen zur Vorsicht gegenüber Unbekannten aufgerufen wird, soll gerade im Geldwesen blindes Vertrauen in Institutionen gehegt werden, welche man gar nicht kennt. Geld wird heute als selbstverständlich angesehen, kaum jemand fragt nach der grundlegenden Bedeutung. Bei der Anlageberatung heißt es vielfach: "Über Geld redet man nicht, man hat es". Gerade aber die Tatsache, daß über unsere Währung nicht geredet werden soll, verhindert eine kritische Betrachtung, welche überhaupt erst eine Voraussage künftiger Entwicklungen ermöglicht. Letztlich sind Sie selbst für Ihr Vermögen verantwortlich, kein Experte, Berater oder Politiker kann Ihnen die Entscheidungen abnehmen.

VOR DER ERFINDUNG DES GELDES

"HABEN SIE ES NICHT PASSEND?"

"Nicht vom Wohlwollen des Metzgers, Brauers oder Bäckers erwarten wir das, was wir zum Essen brauchen, sondern davon, daß sie ihre eigenen Interessen wahrnehmen. Wir wenden uns nicht an ihre Menschen- sondern an ihre Eigenliebe, und wir erwähnen nicht die eigenen Bedürfnisse, sondern sprechen von ihren Vorteilen."

Adam Smith, Nationalökonom[10]

Die Ausgangslage - unser Geldsystem[11]

Wer sich mit sicheren Geldanlagen beschäftigt, muß sich zuerst darüber im klaren sein, wie unser Finanzsystem funktioniert, vor allem, welche entscheidenden Fehler vorherrschen. Welche Indizien sprechen für gravierende Fehler, was ist die Ursache? Eine gründliche Analyse unseres Geldsystems ist deshalb unverzichtbar.

Das Geld als Tauschmittel

Zuerst ist es wesentlich, sich über die Grundbegriffe klar zu werden, bevor man darangeht, die tieferen Strukturen zu ergründen.

Arbeitsteilung: Das Wirtschaftssystem, in dem wir leben, basiert auf der Arbeitsteilung. Wenn sich jeder auf die Tätigkeit konzentrieren kann, welche seiner Begabung und seinem Talent entsprechen, ist die gesamte Arbeitsleistung viel höher, als wenn der einzelne nur für den eigenen Bedarf produzieren würde.

Marktwirtschaft: Voraussetzung für die Arbeitsteilung ist das Vorhandensein eines freien Marktes, auf dem jeder seine erzeugten Waren anbieten kann. Am Anfang werden die Produkte noch gegen benötigte Güter direkt eingetauscht. Die Preisbildung erfolgt nach Angebot und Nachfrage. Wenn beispielsweise viele Leute Kleidungsstücke kaufen, weil sich ein neuer Modetrend gebildet hat, dann übersteigt die Nachfrage das Angebot.

Der Schneider kann deshalb den Preis erhöhen, bis gerade noch genügend Nachfrage da ist, um das Angebot gegen andere Güter einzutauschen. Diese "Marktwirtschaft" wirkt dabei selbstregulierend: Weil Kleidung teuer ist, werden viele Schneider dazu animiert, die Produktion zu steigern, womit das Angebotsdefizit beseitigt wird. Wenn, im anderen Fall, die Menschen wenig Kleidung kaufen, das Angebot nach Kleidung also die Nachfrage übersteigt, kann der einzelne Schneider keinen so hohen Tauschpreis für seine Ware verlangen. Durch den niedrigen Preis werden viele Schneider dazu gebracht, die Produktion zu reduzieren, da diese sich momentan nicht lohnt. Dadurch wird der Angebotsüberschuß wieder beseitigt. Der Markt reguliert, auch im Tauschhandel, über den Preis den Austausch so, daß Angebot und Nachfrage sich langfristig ausgleichen.

Tauschmittel: Bei fortgeschrittener Arbeitsteilung ist dieser Naturaltausch jedoch zu ineffektiv. Der Kleidungsproduzent möchte Kleidung gegen Brot eintauschen, der Bäcker hat in der heißen Backstube jedoch keinen Bedarf für warme Kleidung - der Handel kommt nicht zustande, eine weitergehende Arbeitsteilung und damit Leistungssteigerung im Wirtschaftssystem wäre unmöglich. Auch kann der Tausch nur am gleichen Ort zur selben Zeit erfolgen und die Bezahlung von Dienstleistungen wäre sehr schwierig und umständlich. Die Lücke wird durch ein neutrales Tauschmittel "Geld" geschlossen. Damit ist der Produzent nicht mehr auf direkten Austausch angewiesen. Der Tauschhandel kann von Ort und Zeit abgekoppelt werden. Der Kleidungshersteller kann nun seine Waren an Käufer gegen das neutrale Tauschmittel "Geld" eintauschen. Mit dem Geld kann er nun an anderem Ort zu anderer Zeit das benötigte Brot erwerben. Auch Dienstleistungen können einfach mit dem Tauschmittel abgegolten werden. Da es wenig Sinn macht, beispielsweise Kieselsteine als "Geld" zu benutzen, da diese in beliebiger Menge von jedem zu beschaffen sind, boten sich in der Vergangenheit seltene Edelmetalle als Tauschmittel an.

"Das Finanzsystem genießt dabei eine privilegierte Stellung. Ohnehin ist Kapital beweglicher als andere Produktionsfaktoren, Finanzkapital jedoch ist noch mobiler als Direktinvestitionen. Es geht dorthin, wo es die höchste Belohnung erwartet..."

George Soros, Spekulant[12]

Erste Probleme im Geldsystem

Edelmetallgeld: Mit der Verwendung von Edelmetallen fingen jedoch die ersten Probleme im Geldwesen an. Die durch Arbeitsteilung gesteigerte Leistungsfähigkeit des Wirtschaftssystems erforderte eine entsprechende Vermehrung des umlaufenden Geldes. Die Kapazität der Bergwerke konnte jedoch nicht in gleichem Umfang zur Edelmetallgewinnung gesteigert werden. Das Gleichgewicht zwischen umlaufender Geldmenge und Produktivität der Wirtschaft war gestört. Da der steigenden Gütermenge eine gleichbleibende Geldmenge gegenüberstand, stieg der "Tauschwert" der Währung an, bzw. verfielen die Warenpreise.

Geldhortung: Zunehmend lohnte es sich, Geld anzusammeln und nicht auszugeben, weil die Kaufkraft des Tauschmittels durch den Preisverfall anstieg. Durch die Geldansammlung verschärfte sich die Problematik weiter: Die umlaufende Geldmenge wurde noch kleiner, dementsprechend stieg die Kaufkraft der Währung und die Preise verfielen. Durch fallende Preise wiederum lohnte es sich, noch mehr Geld anzusammeln. Heute nennen wir solch einen Teufelskreislauf "deflationäre Abwärtsspirale". Damals war die Anlage in Edelmetallgeld die bei weitem attraktivste Anlageform.

Erzwungene Expansion: Im Prinzip gab es in der Vergangenheit für Staaten nur eine Möglichkeit, dem Zusammenbruch des Finanzsystems zu entgehen: Die gewaltsame Expansion, um durch Ausplünderung der eroberten Provinzen das Zentrum durch zufließendes Tauschmittel am Leben zu erhalten. Die Geschichte des Römischen Reiches ist hier das beste Beispiel. Als die militärische Expansion des Reiches an Grenzen stieß, kam es in kurzer Zeit zu einer raschen Verarmung der Bevölkerung und mit dem Finanzwesen ging auch die Gesellschaft unter.[13]

Papiergeld: Eine Verbesserung ergab sich erst, als Papiergeld im letzten Jahrhundert eingeführt wurde. Leider war auch dieses immer noch bis in die 70er Jahre unseres Jahrhunderts vom Edelmetall abhängig. Das Geld mußte lange Zeit mit Gold gedeckt sein, das heißt, ein gewisser Anteil des Geldvolumens mußte in Form von Gold bei der Notenbank hinterlegt sein. Damit wurde die Problematik des sinkenden Geldvolumens sogar noch verschlimmert. Beispielsweise war in Deutschland Ende der zwanziger Jahre das Geld zu einem Drittel mit Gold gedeckt. Nach dem Börsenkrach in Amerika im Oktober 1929 wurde Gold aus Deutschland abgezogen. Um die Dritteldeckung aufrechtzuerhalten, mußte die Notenbank für eine Mark abgezogenes Gold drei Mark Papiergeld aus dem Umlauf nehmen. Eine gravierende Deflation stürzte große Teile der Bevölkerung in bittere Armut. Letztlich kann sogar der Zweite Weltkrieg auf die entstandene Wirtschaftskrise ursächlich zurückgeführt werden. Nach dem Zweiten Weltkrieg wurden die entscheidenden Währungen weltweit an den US-Dollar gekoppelt und dieser war mit Gold gedeckt. Man hatte praktisch bis zum Zerfall dieses "Bretton Woods Systems" Anfang der siebziger Jahre weiterhin eine goldgedeckte Währung. Heute ist die Edelmetallwährung weitgehend zugunsten ungedeckter Papierwährung zurückgedrängt worden. Dies erlaubt es der Notenbank, die benötigte Menge an Tauschmittel dem Bedarf der sich entwickelnden Wirtschaft anzupassen. Leider wurde dadurch jedoch noch nicht eine der größten Fehlerquellen im Finanzsystem behoben.

Der Zins als Fehlstruktur

Preisindex: Entscheidend für die Entwicklung eines durchschnittlichen Preisniveaus und damit der Stabilität des Gesamtsystems ist das Verhältnis der Produktion zur umlaufenden, nachfragenden Geldmenge. Das durchschnittliche Preisniveau muß stabil sein, um für die Marktteilnehmer planbare Bedingungen zu gewährleisten. Nur wenn die richtige Menge an Tauschmittel, im Vergleich zur Gütermenge umläuft, kann der durchschnittliche Preisindex stabil sein. Steigt die umlaufende Geldmenge im Vergleich zum zu tauschenden Warenangebot, so steigen die Preise, man spricht von einer "Inflation".

Steigt dagegen die Warenmenge und die Geldmenge bleibt konstant, bzw. sinkt die umlaufende Geldmenge zum gleichbleibenden Güterangebot, so gehen die Preise zurück, eine "Deflation" entsteht.

Umlaufende Geldmenge: Die Notenbank kann zwar die ausgegebene Geldmenge exakt quantifizieren, hat jedoch auf den Geldumlauf nur wenig Einfluß. Da Geld im Vergleich zur Ware praktisch beliebig zurückgehalten werden kann, entstehen wieder ähnliche Probleme wie bei der Edelmetallwährung. Je nach Entwicklung der Gesamtwirtschaft, vor allem des Preisniveaus, wird Tauschmittel dem Geldkreislauf entzogen. So gehen Untersuchungen der Deutschen Bundesbank davon aus, daß nur etwa 1/3 des Bargeldbestandes in Umlauf sei. Ein Drittel befinde sich im Ausland, ein weiteres Drittel werde im Inland gehortet.[14]

Entstehung des Zinses: Durch die Eigenschaft des Geldes, daß es dem Umlauf entzogen werden kann, kann der Geldbesitzer für die Weitergabe des Tauschmittels einen Preis, den Zins, verlangen. Wird der Zins nicht bezahlt, ist es für den Zahlungsmittelinhaber lukrativer, das Tauschmittel zu horten. Er verschiebt dann den Kauf oder die Investition in die Zukunft, womit die Anbieter in Absatzschwierigkeiten kommen. Der Warenanbieter und Arbeiter steht unter Angebotsdruck, da seine Güter an Wert verlieren (Kartoffeln verfaulen, Zeitungen verlieren ihre Aktualität usw.) während der Besitzer des Geldes abwarten und durch diesen Vorteil einen Zins erwarten kann. Während die Arbeitskraft zur Aufrechterhaltung des Einkommens angeboten werden muß, kann das Geld warten, bis die Investitionsmöglichkeiten günstiger sind. Das bedeutet, daß der Zins aus der Überlegenheit des Geldes über Ware und Arbeit resultiert. Oder anders ausgedrückt, entsteht der Zins aus den beiden Eigenschaften des Geldes als Tauschmittel und Schatzmittel (Wertaufbewahrungsmittel). Beide Funktionen sind nicht zur selben Zeit gleichzeitig erfüllbar: Ist das Geld im Umlauf, wirkt es als Tauschmittel, kann jedoch nicht gleichzeitig als Schatzmittel im Tresor dienen. Ist jedoch die Währung umgekehrt als Schatzmittel im Tresor, fehlt sie als Tauschmittel in der Wirtschaft. Eine langfristig stabile Wirtschaft ist unter diesen Bedingungen nicht denkbar.

Zinseszins: Verschärft wird die Situation noch durch den explodierenden Zinseszinsmechanismus: Wenn Zinsgewinne nicht konsumiert, sondern wieder neu angelegt werden, werfen diese in der nächsten Zinsperiode erneut Rendite ab - es entsteht ein exponentieller, sich selbst beschleunigender Geldzuwachs. Exponentielle Entwicklungen verlaufen am Anfang sehr langsam, steigern jedoch die Geschwindigkeit des Zuwachses mit der Zeit kontinuierlich. In einer begrenzten Welt muß solch ein Zuwachs letztlich zum Zusammenbruch führen. Dabei ist der Vergleich zum stabilisierenden Wachstum in der Natur interessant (Abb. 1).

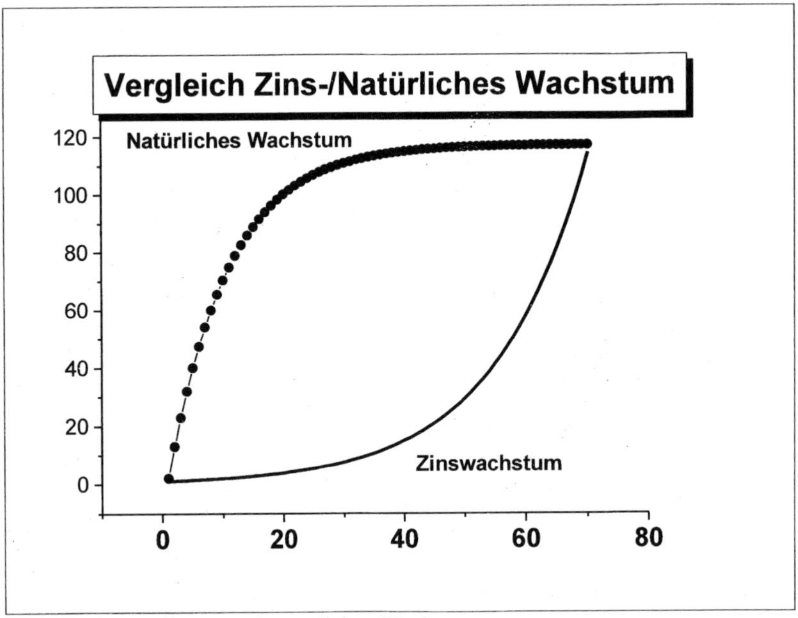

Abb. 1: Zinswachstum und natürliches Wachstum

Abhängig vom Zinssatz geht das Wachstum letztlich in nur noch theoretisch faßbare Dimensionen über. Hätte man beispielsweise im Jahre 0 nur 1 Pfennig zu 5% Zins angelegt (bzw. 1 Pf. Schulden gemacht) hätte dieser im Jahre 1466 den Wert einer Erdkugel aus Gold und im Jahr 1990 bereits den Gegenwert von 134 Mrd. Erdkugeln aus Gold erlangt (Abb. 2).

Schnell wird deutlich, daß solch ein Zuwachs mittel- und langfristig zu instabilen Zuständen, letztlich zum Zerfall des Systems führen muß.

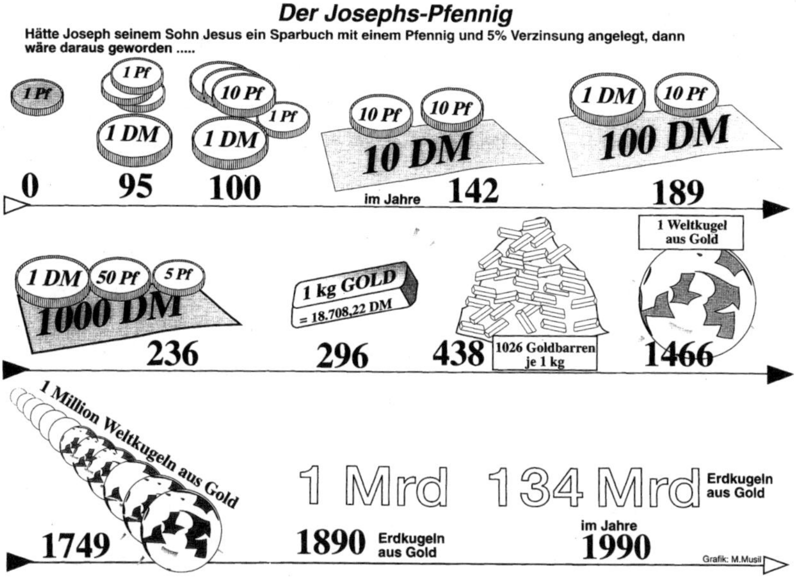

Abb. 2: Entwicklung einer Geldanlage von 1Pf durch 5% Zinseszins (M. Musil)

Stabiles Geld müßte folgende Voraussetzungen erfüllen:

- Es darf nicht beliebig herstellbar sein, sonst könnte jeder sein eigenes Tauschmittel produzieren, statt Waren zu erzeugen.
- Es muß die richtige Geldmenge zur Gütermenge vorhanden sein, sonst steigen oder fallen die Preise ohne natürlichen Grund.
- Die Herstellung des Tauschmittels muß, wenn es die Wirtschaft erfordert, mit wenig Aufwand möglich sein.
- Das Geld muß zu jeder Zeit dem Markt als Tauschmittel für den Austausch zur Verfügung stehen, anderenfalls kommt es zu Störungen im Marktablauf.

- WACHSTUM OHNE ENDE? -
"KEINE ANGST! DIE SCHRÄGLAGE BEKOMMEN WIR SPÄTESTENS AUF DER NÄCHSTEN ETAGE WIEDER IN DEN GRIFF."
©ATELIER SCHWANDT AHLEN

"Dass etwas an einem Finanzmarkt nicht ganz stimmt, wird angezeigt durch `übertriebene Spekulation´, ein `überhitztes Handelsvolumen´ oder eine stark ansteigende Verschuldung´ auf Seiten der Anleger und Unternehmen. Auch weit `übertriebene Erwartungen´ des Anlagepublikums und eine Fachliteratur, welche weiterhin starke Preiserhöhungen voraussagt, indem gewaltige Kursgewinne einfach in die Zukunft extrapoliert werden, sollten jeden Anleger skeptisch stimmen."

Die Welt, 6.9.99

Gefahren für Ihr Vermögen

Folgende Gefahren ergeben sich aus den Fehlstrukturen im Kapitalsystem für Ihr Vermögen:

- Vermögensverlust durch Schuldenkrisen
- Einkommensverluste durch Steuern und Sozialabgaben
- Verarmung durch Vermögensumverteilung
- Einkommensverlust durch Konjunkturverschlechterung
- Gefahren durch Deflation und Wirtschaftskrise
- Vermögensverluste durch Währungskrisen und den Euro

Vermögensverlust durch Schuldenkrisen

Durch reinvestierten Zins vermehren sich die Geldvermögen insgesamt exponentiell, also mit steigender Geschwindigkeit. Damit verbunden ist eine in gleichem Umfang ansteigende Verschuldung. Diese Schulden können letztlich nicht mehr getilgt werden. Da Geldvermögen Forderungen gegen einen Schuldner darstellen, ist die Geldforderung wertlos, wenn der Schuldner zahlungsunfähig wird.

Geldvermögen, welches nicht für den momentanen Konsum benötigt wird, wächst bei verzinslicher Anlage durch den Zins an. Der Renditezuwachs wird dem Gesamtvermögen zugeschlagen und muß in einer stabilen Wirtschaft ebenfalls weiterverliehen werden. Die Verschuldung muß also um den gleichen Betrag zunehmen, wie die Geldvermögen durch Zins anwachsen. Jede Mark Zins, welche jemand bekommt, bedeutet automatisch eine Mark Verschuldung auf der anderen Seite - was der eine gewinnt, verliert ein anderer. Abb. 3 zeigt die Entwicklung der gesamten Geldvermögen und Verschuldung in Deutschland. Deutlich wird die jeweilige exponentielle Entwicklung.

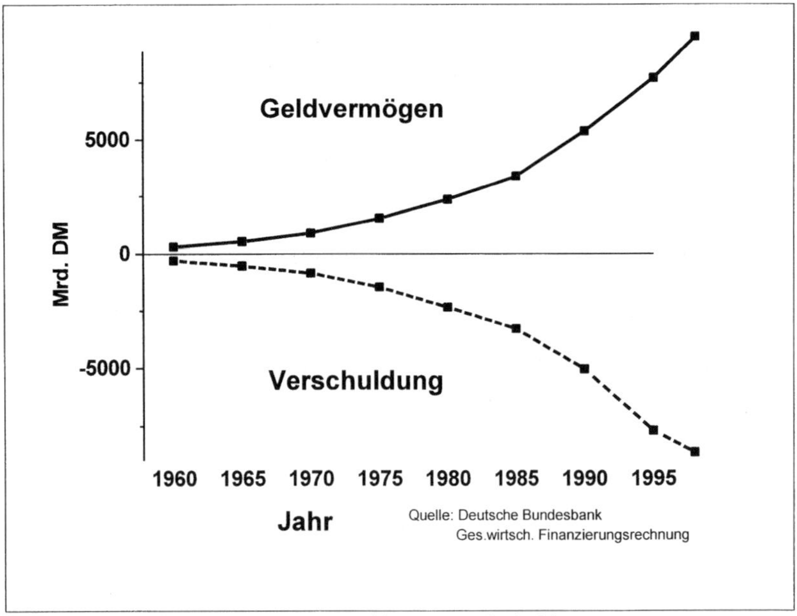

Abb. 3: Entwicklung der gesamten Geldvermögen/Schulden

Häufig wird in der Presse nicht die Gesamtverschuldung, sondern allein die Staatsverschuldung betrachtet (Abb. 4).

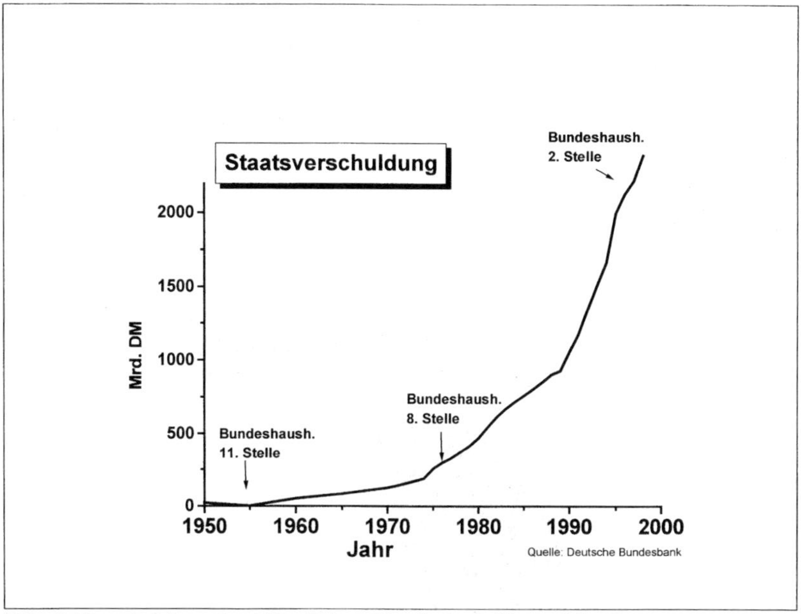

Abb. 4: Verschuldung der öffentlichen Haushalte in Deutschland

Behauptet wird, daß die explodierende Verschuldung durch "maßlose Ansprüche der Bevölkerung" entstanden sei und nun durch drakonische "Sparprogramme" abgebaut werden müsse. Ohnehin kann die Staatsverschuldung nie zurückgezahlt werden, wenn nicht einmal die Zinsen beglichen werden können. Der Anteil der Zinsen am Steueraufkommen betrug Anfang der 70er Jahre keine 5%, heute muß fast ein Viertel der Steuern für die Bedienung der Kredite ausgegeben werden.[15] Vor fast einem Vierteljahrhundert äußerte der spätere Bundesbankpräsident, daß man doch nicht so naiv sein sollte zu glauben, daß der Staat je seine Schulden zurückzahlen könne. Er müsse stets nur so solvent bleiben, um die alten Kredite durch neue zu ersetzen.[16] Vergessen wird dabei, daß ein Zuwachs der Geldvermögen durch das Zinssystem zwangsläufig zu einer Vermehrung der Gesamtverschuldung führen muß.

Ein "Wegsparen" der Schuld ist damit volkswirtschaftlich unmöglich. Den durch den Zinseffekt wachsenden Geldvermögen muß ein gleichgroßes Volumen an Verschuldung gegenüberstehen, anderenfalls wird das Angebot an Krediten größer als die Nachfrage und der Knappheitsindikator Zins sinkt auf 0%. Wenn kein Zins mehr gezahlt wird, ist auch niemand mehr bereit, Geld zu verleihen. Das Geld zieht sich vom Markt zurück, es entsteht eine Deflation und die Wirtschaft zerfällt. Ein "Wegsparen" von Verschuldung wäre deshalb katastrophal in unserem System. Ohnehin ist die Staatsverschuldung nur ein Teil der Gesamtverschuldung (Abb. 5).

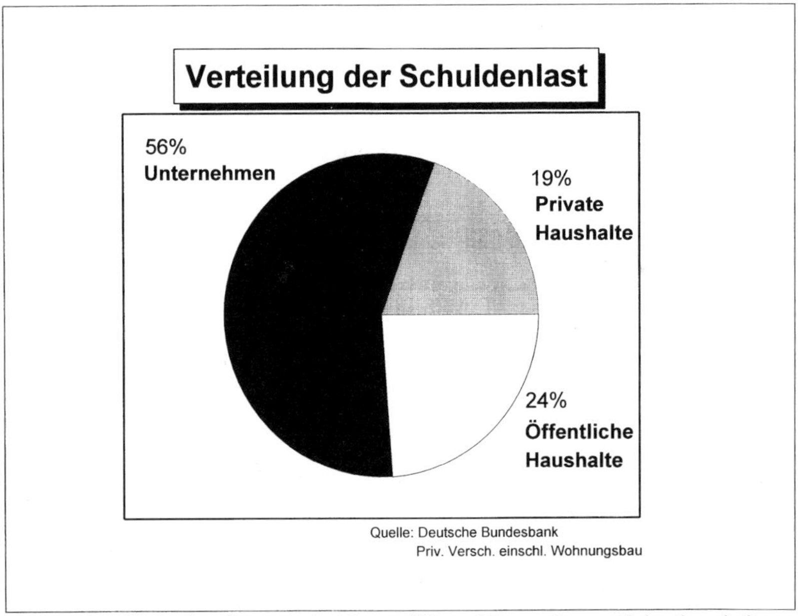

Abb. 5: Verteilung der Gesamtschulden auf Staat, Unternehmen, Privathaushalte

Eine Zunahme der Verschuldung bedingt gleichzeitig ein Anwachsen der Zinslast und schränkt damit zunehmend die Handlungsfähigkeit des Schuldners ein. Zwangsläufig werden die Zinslasten letztlich unbezahlbar, es kommt zum Staatsbankrott, einer Wirtschaftskrise oder zu einem Krieg. Diese Betrachtung wird auch von den historischen Abläufen belegt.

So entwickelte sich beispielsweise die deutsche Staatsverschuldung in diesem Jahrhundert jeweils exponentiell. Die Entwicklung endete in Wirtschaftskrisen und Kriegen (Abb. 6).

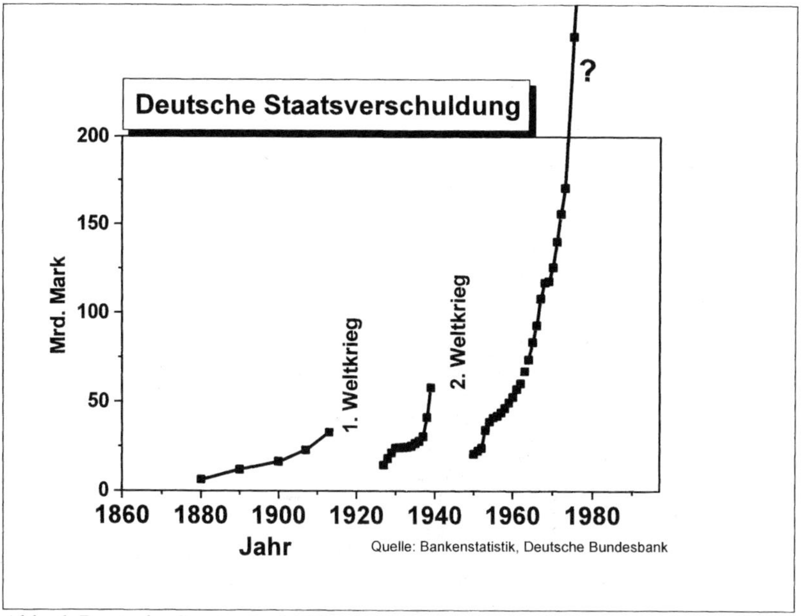

Abb. 6: Deutsche Staatsverschuldung

Deutlich wird, daß die gegenwärtigen Abläufe im Finanzsektor zwangsläufig zu Wirtschaftskrisen und Zusammenbrüchen führen müssen. Für den Anleger, der beispielsweise in Staatspapiere investiert, ergibt sich die reale Gefahr des Vermögensverlustes durch Bankrott des Schuldners. Es handelt sich dabei nicht um eine rein theoretische Gefahr, sondern um eine reale Bedrohung. Die Frage heißt auch nicht, ob, sondern nur wann die Schuldenlast unbezahlbar wird. Ihre entsprechende Vorbereitung ist deshalb unverzichtbar. Jedoch ist die durch den Zinseffekt explodierende Verschuldung und die Gefahr des Bankrottes nicht die einzige Bedrohung. Die steigenden Zinslasten zwingen auch zu höheren Steuer- und Abgabenlasten, welche zu Einkommensverlusten bei Ihnen führen.

SPARHAUS-
HALT
'99/2000
©K.u.W.Schwarzott

"Der älteste Fluch des Menschen ist das Geld."

(Sophokles)

Einkommensverluste durch Steuern und Abgaben

Die Steuer- und Abgabenlasten nehmen immer größere Ausmaße an und beschneiden konkret Ihre Möglichkeit ein Vermögen aufzubauen. Gleichzeitig werden die Leistungen des Staates weiter eingeschränkt. Das Einkommen, und damit Ihre Chance der Vermögensbildung wird deshalb in Zukunft beträchtlich sinken. Am deutlichsten wird die steigende Abgaben- und Steuerlast vor allem an der zunehmenden Differenz zwischen Brutto- und Nettolohn (Abb. 7).

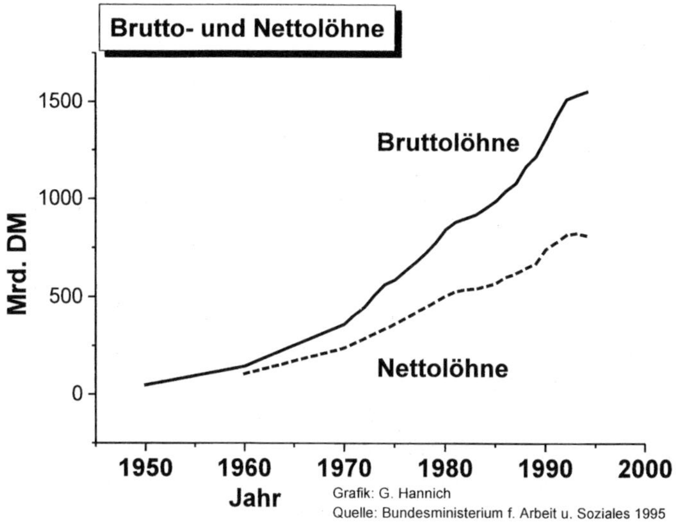

Abb. 7 : Brutto- und Nettolöhne/Gehälter (Summe)

Unter der Berücksichtigung des Arbeitgeberanteils an der Sozialversicherung, welcher effektiv vom Lohn abgezogen wird, wird heute fast die Hälfte des Bruttolohnes von staatlicher Seite beansprucht.

Durch weitergehende Verschuldung des Staates wird Ihre Abgabenlast noch deutlich zunehmen. Machte der Zinsanteil bezüglich der Steuereinnahmen 1950 keine 2% aus, ist dieser inzwischen auf 25 - 30% angestiegen.[17] Dabei gibt es für den Staat im heutigen System keine andere Möglichkeit, die steigenden Zinsforderungen zu begleichen, als die Abgaben heraufzusetzen und die Leistungen einzuschränken. Für eine langfristige Vermögensplanung können Sie deshalb keinesfalls vom gegenwärtigen Einkommen ausgehen. Auch muß mit einem zunehmenden Vermögensaufbrauch der unteren Schichten gerechnet werden, weil das monatliche Einkommen nicht mehr ausreicht, um den Lebensstandard zu halten. Neben den Steuern sind auch die Sozialabgaben übermäßig angestiegen und kürzen damit den Arbeitslohn beträchtlich. Seit 1980 sind die Soziallasten doppelt so stark gestiegen wie Löhne und Gehälter.[18] Heute umfaßt das zu finanzierende Sozialbuget ein Volumen von 1300 Mrd. Mark. 1962 lag der Betrag noch bei einem sechstel davon.[19] Ein großer Teil der Soziallasten wird durch die Rentenversicherung verursacht. Beachten sollten Sie bei der Vermögensplanung auch, daß das Mißverhältnis der Rentenversicherung zwischen den zu leistenden Einzahlungen und den zu erwarteten Leistungen sich verschärfen wird. Investitionen in die gesetzliche Rentenversicherung gehören für Sie zu den unrentabelsten Anlageformen überhaupt! Beispielsweise wird bei einem Bruttojahresgehalt von 55000 DM etwa 11000 DM (einschl. Arbeitgeberanteil) für die Rentenversicherung vereinnahmt. Nach 45 jähriger Einzahlung ist momentan eine Rente von 2290 DM im Monat zu erwarten. Wäre das Vermögen kontinuierlich bei einem Zinssatz von nur 5% angelegt worden, wäre nach 45 Jahren ein Vermögen von über 1,8 Mio. DM entstanden. Allein die Zinszahlungen würden monatlich bei über 7500 DM liegen (Abb. 8).[20] Die Rentenversicherungspflicht stellt für Sie als Arbeitnehmer einen großen Nachteil beim Vermögensaufbau dar. Während Unternehmer und Millionäre die Geldbeträge direkt in rentable Anlageformen investieren können, müssen Arbeiter und Angestellte große Beträge innerhalb eines unrentablen Systems festlegen. Während die selbstangelegten Summen liquide gehalten werden können, kann der Zugriff auf die Rentenkasse erst nach Entscheidung einer Behörde erfolgen. Ihre eingezahlten Reserven könnten also im Krisenfall nicht richtig eingesetzt werden.

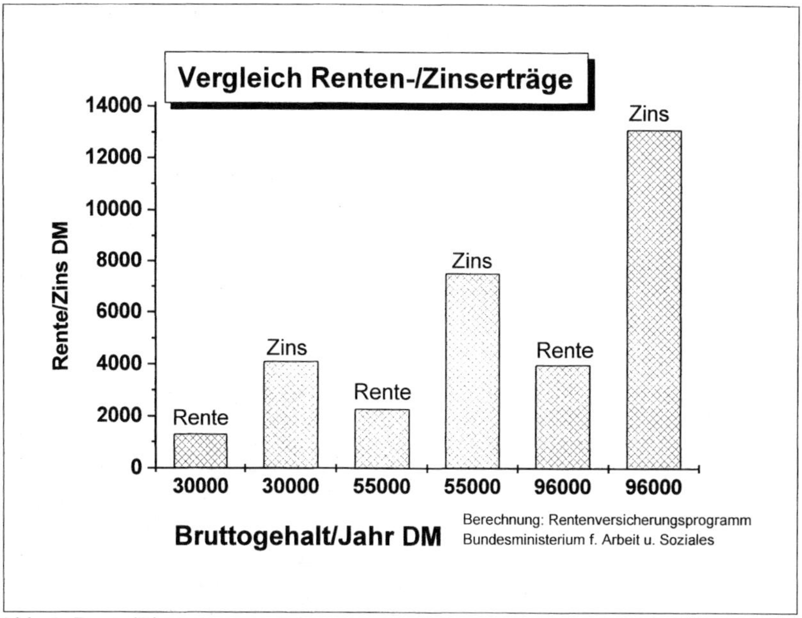

Abb. 8: Rente/Zinsertrag pro Monat im Vergleich

In Zukunft sollen die Leistungen noch erheblich weiter eingeschränkt werden. Auch die Diskussion um eine "Grundrente", also einer Minimumrente unabhängig von den eingezahlten Beiträgen, wird immer aktueller. Zunehmend werden Überlegungen angestellt, Sie zusätzlich mit einer obligatorischen Zusatzversorgung zu belasten. Diese Mehrausgaben würden Ihr Nettoeinkommen zusätzlich schmälern und die Leistungen durch die Rentenkasse absenken, da sich die Rentenauszahlung am Nettoeinkommen orientiert.[21] Bei der verschärften Entwicklung der Staatsfinanzen dürfen Sie keinesfalls auf diese Vermögensanlage im Alter vertrauen. Konsequenz für Sie kann nur sein, Zahlungen der Beiträge möglichst legal einzuschränken, bzw. frühzeitig Leistungen zu beantragen. Die ausufernden Steuer- und Abgabenlasten sind jedoch keinesfalls die einzigen Umverteilungsmechanismen.

HAUT AB, DAS BOOT IST VOLL.
PORZELLA
VIDEO

"Man muß das Wahre immer wiederholen, weil auch der Irrtum um uns herum immer wieder gepredigt wird, und zwar nicht von einzelnen, sondern von der Masse."

Johann Wolfgang von Goethe

Verarmung durch Vermögensumverteilung

Der Zins ist die wichtigste Ursache dafür, daß sich das Geldvermögen in immer weniger Händen konzentriert. Die Bevölkerung wird dabei in wenige Zinsgewinner und viele Verlierer gespalten. Als durchschnittlicher Anleger verlieren Sie dabei wesentlich mehr Geld als Sie gewinnen.

Wer viel Geld hat, verleiht dieses und wird durch den Zins jährlich reicher. Das durch Verzinsung vergrößerte Vermögen kann nun wieder verliehen werden usw.. So wächst das Vermögen nach der Zinseszinsrechnung exponentiell an. Auf der anderen Seite muß der Zinsgewinn erwirtschaftet werden. Die Menschen, welche von vornherein nicht soviel Geldvermögen verzinst anlegen konnten, fallen in der Vermögensverteilung mit im Laufe der Zeit immer weiter zurück und müssen über die wachsende Schuldenlast für die Verzinsung der Geldvermögen aufkommen. Die Reichen werden reicher, die Armen werden ärmer, bzw. die Mittelschicht verarmt zunehmend.

Wie weit die Konzentration schon fortgeschritten ist belegen folgende Zahlen:

- In einer UNO Studie wurde ermittelt, daß weltweit 358 Milliardäre fast die Hälfte des Welteinkommens besitzen. Würde man statt des Einkommens das Vermögen berücksichtigen, wäre der Unterschied noch größer.[22]

- Die drei reichsten Menschen der Erde verfügen zusammen über ein Vermögen, das größer ist als das gesamte Bruttosozialprodukt aller 35 am wenigsten entwickelten Länder mit über 600 Mio. Einwohnern.[23]

- Die CDA (Christlich Demokratische Arbeitnehmerschaft - eine CDU Organisation) veröffentlichte 1996, daß sich 80% des Produktivvermögens in Deutschland in den Händen von nur 3% der Bevölkerung befindet.[24]

- Das DIW (Deutsches Institut für Wirtschaftsforschung) berichtete 1997, daß sich ein Drittel des Nettogeldvermögens auf nur 6% der Haushalte verteilt. Bei der Erhebung wurden Haushalte mit einem Einkommen von mehr als 35000 DM im Monat nicht berücksichtigt. Die Ergebnisse sind deshalb als sehr optimistisch anzusehen.[25]

Wie sehr das Sprichwort stimmt: "Durch Arbeit ist noch niemand reich geworden", wird beispielsweise daran deutlich, daß die Arbeitseinkommen weit hinter den Geldvermögen zurückbleiben (Abb. 9). Dabei sind die Nettolöhne in der Gesamtwirtschaft seit 1993 nur um 0,5% gestiegen. Die Lohnquote ist seit 1993 sogar um fast 6% gefallen und liegt wieder auf dem Niveau der sechziger Jahre.[26]

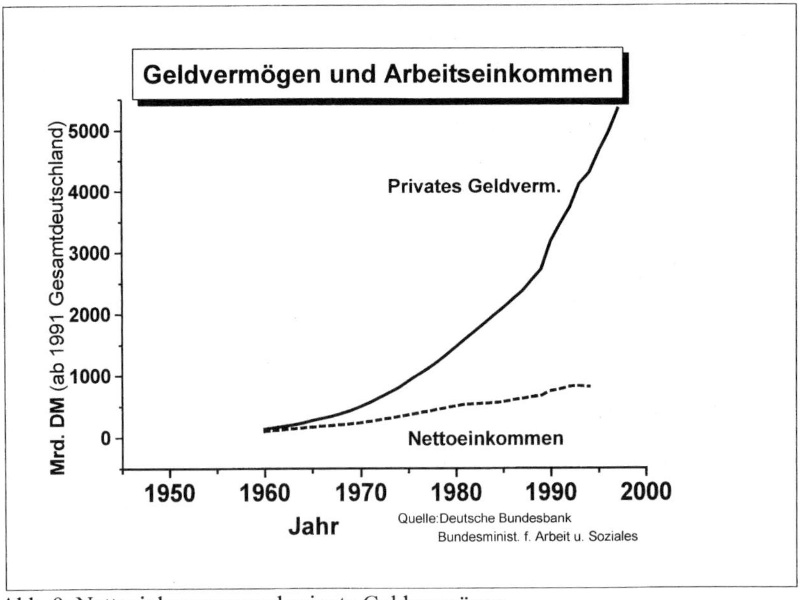

Abb. 9: Nettoeinkommen und private Geldvermögen

Da im Zinssystem letztlich immer reale Leistungen umverteilt werden, muß Ihr Arbeitslohn oder Ihr Unternehmergewinn zwangsläufig langfristig sinken. Anfangs kann der anwachsende Zins noch durch Zuwachs der Produktivität ausgeglichen werden. Mit der Zeit reichen die Zuwächse durch das Wirtschaftswachstum nicht mehr aus und Ihr Lohn muß gekürzt werden. Wenig bekannt ist, daß Sie als normaler Anleger durch unbemerkte Zinslasten mehr verlieren, als Sie durch Zinsgewinne auf Vermögen überhaupt gewinnen können. Auf einen Großteil der Gesamtverschuldung sind von Ihnen Zinsen zu entrichten, auch wenn Sie persönlich nicht verschuldet sind:

- Staatsverschuldung - Über Steuern müssen Sie Zinsen zahlen.
- Unternehmensverschuldung - Der Zins ist im Preis eingerechnet und muß durch Sie beim Kauf bezahlt werden.
- Private Verschuldung, die Zinslast tragen Sie.
- Indirekte Zinslasten - Kosten, welche durch Verzinsung von unverschuldetem Sachkapital entstehen - die Zinslast muß durch Sie beglichen werden.

Wie bereits bei der Verschuldung besprochen (Abb. 3), betrug die Gesamtschuld im Jahr 1998 9902,1 Mrd. DM.[27] Bei einem durchschnittlichen Zinssatz von 7% fallen pro Jahr fast 700 Mrd. DM direkte Zinslast an. Auch wenn Sie selbst nicht verschuldet sind, müssen Sie also erhebliche versteckte Zinslasten tragen. Zu den direkten Zinsen aus Verschuldung kommen noch indirekte Zinslasten, welche aus der Rendite für unverschuldetes Sachkapital resultieren. Beispielsweise wird ein Unternehmer, welcher sein Inventar mit Eigenkapital finanzierte in seiner Kostenrechnung Zins einbeziehen. Wenn er z.B. 1 Mio. DM investierte, würde er bei der Bank für eine langfristige Anlage bei 5% Zins pro Jahr 50000 DM bekommen. Damit sein Unternehmen rentabel arbeitet, muß also mindestens jedes Jahr diese Verzinsung gesichert sein. Letztlich werden diese Kapitalkosten wieder in die Preise eingerechnet.

Dabei nehmen die Zinslasten oftmals einen großen Stellenwert ein: Bei der Wohnungsmiete beträgt der Zinsanteil beispielsweise 70-80%. Die Kosten der indirekten Zinslast, bezogen auf die Gesamtzinslast liegt bei nochmals 50%.[28] Die gesamte Zinslast erhöht sich damit pro Jahr auf über 1000 Mrd. DM. Pro Haushalt entspricht dies fast 30000 DM pro Jahr an Zinszahlung. Damit wird klar, daß Sie nur dann vom System profitieren, wenn Sie mehr als 30000 DM im Jahr Zinsen bekommen, bekommen Sie weniger, zahlen Sie unter dem Strich mehr Zinslast, als die Gewinne ausmachen. Dabei verschärft sich das Ungleichgewicht mit zunehmender Zeit. Je mehr das Vermögen bei der Gewinnerschicht durch verzinste Anlagen wächst, umso größer werden bei der Verlierermehrheit die Zinslasten. Der Vermögenszuwachs einer kleinen Minderheit geht damit langfristig mit einem Vermögensabbau bei Ihnen einher.

Wenn die gegenwärtige Entwicklung in die nahe Zukunft extrapoliert wird, wird die Differenz noch größer: Bei einem durchschnittlichen Zuwachs der Zinslast von 10% pro Jahr, wären die von Ihnen zu zahlenden Zinsen im Jahr 2010 bereits bei über 80000 DM. Deutlich wird, daß es mittelfristig zu einer erheblichen Vermögensverschiebung von der Masse der Bevölkerung zu wenigen Händen kommen wird. Für die Zukunft müssen Sie auch Zeiten mit wenig Einkommen in der Lebensplanung einrechnen. Eine Studie des Sozialwissenschaftlers Prof. Dr. Erler kam zu dem Schluß, daß die Armut "nach oben hin in die Mittelschicht hinein ausfranst". Es müsse davon ausgegangen werden, daß sich etwa zwei Drittel der Bevölkerung mindestens einmal im Leben in einer sozialen Lage wiederfinde, die als arm bezeichnet werden könne.[29]

Für Sie als normalen Anleger ist es wichtig, nicht weiter zurückzufallen und vor allem Ihr vorhandenes Vermögen zu schützen. Jedoch besteht für Sie nicht nur die Gefahr des Vermögensverlustes, sondern auch Ihr laufendes Einkommen aus Arbeit oder Unternehmen ist in Gefahr.

MODERNE SKLAVEREI
"SEID DOCH DANKBAR, DASS ICH EUCH ÜBERHAUPT ARBEIT GEBE!"
WILL ARBEI
ARBEITSLOS SEIT 1995
ARBEITS-LOS!
©SCHWANDT

"Unsichtbar wird die Dummheit, wenn sie genügend große Ausmaße angenommen hat."

Bertold Brecht

Einkommensverlust durch Konjunkturverschlechterung

Wenig bekannt ist, daß der Zins entscheidend die Konjunktur und somit den Arbeitsmarkt und die Unternehmenssituation beeinflußt. Dabei verschärfen sich die Probleme mit zunehmender Zeit. Ihr Arbeitseinkommen ist dabei ernsthaft in Gefahr.

Die wirtschaftliche Unternehmenslage und die Arbeitslosigkeit ist hauptsächlich von der Konjunktur, diese wiederum vom Zinssatz abhängig. Wenn der Zinssatz hoch ist, werden die Unternehmen zu Einsparungen gezwungen, um die Zinslasten für Fremdkapital tragen zu können. Einsparungen erfolgen vor allem durch Verkleinerung des Personalbestandes - die Erwerbslosenrate steigt. Daneben werden viele Betriebe durch hohe Zinsen zur Aufgabe gezwungen, weil die Kredite nicht mehr ausreichend bedient werden können. Eine steigende Insolvenzenrate und Arbeitslosigkeit für Sie ist die Folge. Bei sinkendem Zinssatz bleibt die Arbeitslosigkeit auf dem erreichten Niveau, das heißt, es kommt in jedem Zinszyklus zu einer Verschärfung der Lage. Anhand der Entwicklung der Bankenzinserträge, welche zum Großteil von den Unternehmen gezahlt werden müssen, und der Arbeitslosigkeit, wird der Zusammenhang klar (Abb. 10). Deutlich wird, daß auch Sie von der Arbeitslosigkeit oder Unternehmenspleite bedroht werden. Ihr Einkommen wird gemindert werden, mit der Folge, daß Sie Ihr Vermögen aufbrauchen müssen, um den Lebensstandard zu halten. Schon im April 1998 war lediglich für 40% der Bevölkerung die eigene Erwerbstätigkeit die entscheidende Einnahmequelle. 1991 traf das noch auf 45% zu. Ursache ist das Abrutschen immer größerer Bevölkerungsteile in Arbeitslosigkeit und Sozialhilfe.[30]

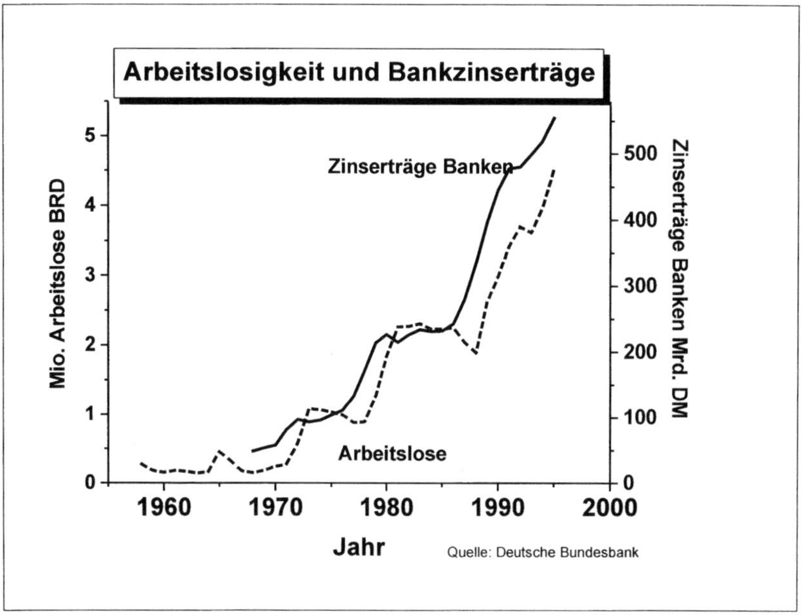

Abb. 10: Bankzinserträge und Arbeitslosigkeit (in Anlehnung an H. Creutz)

Wie schnell die Anpassung an veränderte Markverhältnisse vor sich geht, zeigt die Entwicklung der Arbeitslosigkeit, des Zinssatzes und des Wirtschaftswachstums. Ist das Wirtschaftswachstum hoch, kann auch eine hohe Zinslast damit ausgeglichen werden - die Effekte für Unternehmen und Arbeitnehmer werden klein bleiben. So konnte beispielsweise der hohe Zinssatz Anfang der neunziger Jahre durch verstärktes Wachstum im Zuge der deutschen Einigung ausgeglichen werden. Ist hingegen die Differenz zwischen Zins und Wachstum hoch, werden sich die Auswirkungen innerhalb kurzer Zeit durch einen Anstieg der Arbeitslosigkeit und der Unternehmensinsolvenzen zeigen (Abb. 11 und 12).

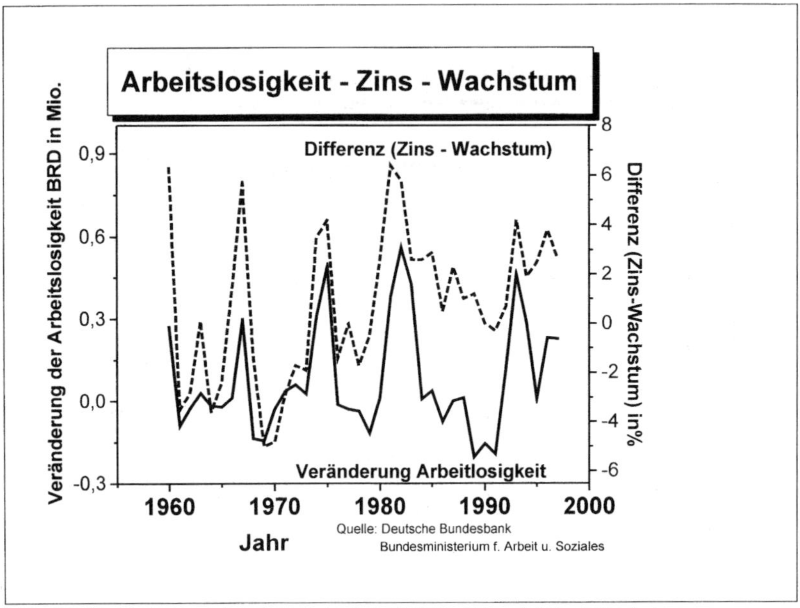

Abb. 11: Veränderung der Arbeitslosigkeit (West) bzgl. Zins/Wachstum

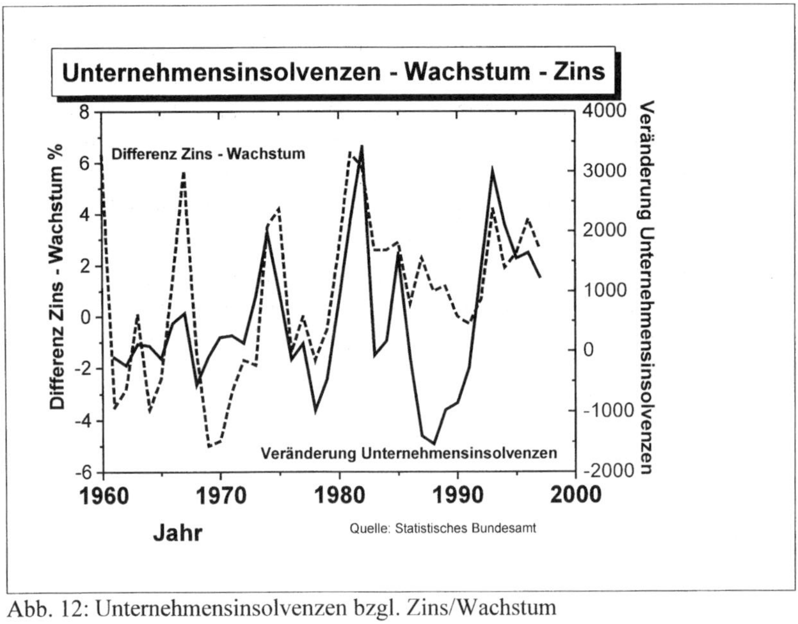

Abb. 12: Unternehmensinsolvenzen bzgl. Zins/Wachstum

Der Wirtschaftsauskunft Creditreform nach sind ein Drittel der Mittelstandsbetriebe pleitegefährdet. Hauptursache sei eine zu dünne Eigenkapitaldecke. Untersuchungen der Bundesbank hatten ergeben, daß von 1985 bis 1990 82% der Konkursfälle eine Eigenkapitalquote von unter 10% (Fremdkapitalquote über 90%) gehabt haben.[31] Im Jahr 1995 arbeiteten die Unternehmen im Durchschnitt mit 82% Fremdkapital, für welches Zinslasten zu tragen sind. Besonders drastisch war der Fremdkapitalanteil im Druckerei- (91,5%), Baugewerbe (94%) und Einzelhandel (95%).[32] Diese Branchen werden im Krisenfall als erste bankrott gehen. Dabei wird deutlich, daß auch Ihr Einkommen als Unternehmer stark gefährdet ist. Bei einer dauerhaften, drastischen Zinserhöhung müßte ein Großteil der mittelständischen Industrie den Bankrott erklären. Die größten Arbeitgeber in Deutschland würden massiv Beschäftigte auf die Straße setzen. Vor allem unterschätzen viele Unternehmer die Gefahr mangelnder Zahlungsbereitschaft der Kunden im Fall einer Krise. Schon Ende 1998 ignorierte jeder zweite der 2,6 Mio. überschuldeten Haushalte seine Rechnungen und Mahnungen. Durch Zahlungsverzögerungen bzw. -ausfälle und den nachfolgenden Firmeninsolvenzen entstand 1998 ein volkswirtschaftlicher Schaden von 60 - 70 Mrd. DM.[33] In Krisenzeiten würde sich die Zahlungsmoral noch erheblich weiter verschlechtern. Die Gefahr eines Rückganges Ihrer Unternehmergewinne und eines Anstiegs der Arbeitslosigkeit kann aufgrund dieser Betrachtungen nicht hoch genug eingeschätzt werden. Unbedingt muß davor gewarnt werden, nur aufgrund des momentanen Einkommens die künftigen Vermögensverhältnisse planen zu wollen. So wurden bereits Mitte 1999 zunehmend Lohnkürzungen und "Nullrunden" für Arbeitnehmer diskutiert.[34] In immer mehr Wirtschaftsbereichen sollen Löhne gekürzt werden. So wird beispielsweise bei den Banken diskutiert, die Tarifgehälter der Angestellten um bis zu 30% durch Ausgliederung von Geschäftsbereichen zu kürzen.[35] Genauso hat die Siemens AG schon Anfang 1998 die Ausgliederung von 20000 Beschäftigten geplant, um das Einkommen um 20% zu kürzen und die Arbeitszeit um 2 Stunden pro Woche zu erhöhen.[36] Da auch die Leistungen für Sie als Arbeitsloser in Zukunft weiter abgebaut werden sollen, müssen Sie unbedingt über ausreichende finanzielle Rücklagen verfügen.

Bild von morgen...?

"Es ist schwieriger, eine vorgefaßte Meinung zu zertrümmern als ein Atom."

Albert Einstein

Gefahren durch Deflation und Wirtschaftskrise

Jedes Zinssystem endet früher oder später in der Deflation und Wirtschaftskrise, was den schnellsten Umverteilungsprozeß im Kapitalsystem darstellt. Viele unvorbereitete Anleger werden ihr Vermögen verlieren. Hier liegt eine der größten Gefahren für Ihr privates Vermögen.

Deflation bedeutet einen Rückzug des Geldes aus der Wirtschaft, mangels ausreichender Rendite oder zunehmender Unsicherheiten im Wirtschaftsablauf. Es lohnt sich dabei für den Geldverleiher seine Investitionen mehr und mehr einzustellen. Durch den Mangel an Nachfrage fallen die Preise und die Wirtschaftsleistung wird stark abgeschwächt. Die Ursache der zwangsläufig entstehenden Deflation besteht in der Konstruktion unseres Geldwesens. Weil kein anderes Umlaufsicherungsmittel vorhanden ist, wird Geld nur dann weiterverliehen, wenn das Zinsniveau genügend hoch ist. Der Zinssatz resultiert aus Angebot und Nachfrage nach Kapital, d.h. werden viele Kredite aufgenommen, steigen die Zinsen. Läßt hingegen die Kreditnachfrage nach, sinken sie. In einer freien Wirtschaft tendieren jedoch die Zinsen langfristig immer gegen 0%, weil durch zunehmende Produktion und Wohlstand die Investitionsquote durch Marktsättigung und damit die Kreditnachfrage sinkt. Die reale Verzinsung in der Wirtschaft muß also letztlich geringer werden. Sobald jedoch ein Mindestzinssatz unterschritten wird, zieht sich das Kapital vom Markt zurück, weil kein Anreiz für den Geldbesitzer mehr besteht, das Geld zu verleihen. Damit wird der Geldkreislauf unterbrochen und es entsteht eine Deflation. Im Zinssystem ist es nur eine Frage der Zeit, bis dieser Effekt zum Tragen kommt. Durch künstlich erzeugtes Wirtschaftswachstum wird zwar der Rückgang des Zinses eine gewisse Zeit aufgehalten, jedoch steigt der Zinsanteil des Kapitals an der gesamten Volkswirtschaft exponentiell, wobei die Produktion das Wachstum allenfalls linear erhöhen kann.

Das Wirtschaftswachstum entwickelt sich seit Begründung der D-Mark linear, also mit relativ gleichen jährlichen Zuwachsbeträgen. Das Kapitalsystem und damit die Zinslast wächst jedoch exponentiell, also mit steigender Geschwindigkeit jedes Jahr (Modellrechnung Abb. 13). Anfangs ist der Zuwachs durch das Wirtschaftswachstum sogar noch höher als das Wachstum der Zinsforderungen durch das Geldsystem. Mit zunehmender Zeit wächst jedoch der Zinsanteil an der Wertschöpfung immer weiter und wird letztlich zum bestimmenden Faktor. Immer größere Anteile der produktiven Volkswirtschaft müssen die Kapitalrendite sicherstellen. Die rentablen Investitionsmöglichkeiten nehmen ab, was zu fallenden Zinssätzen führt. Fallende Zinssätze führen zum Rückzug des Geldes aus dem Wirtschaftskreislauf, was fallende Preise, also eine Deflation bedeutet. Jedes Zinssystem endet daher früher oder später in der Deflation.

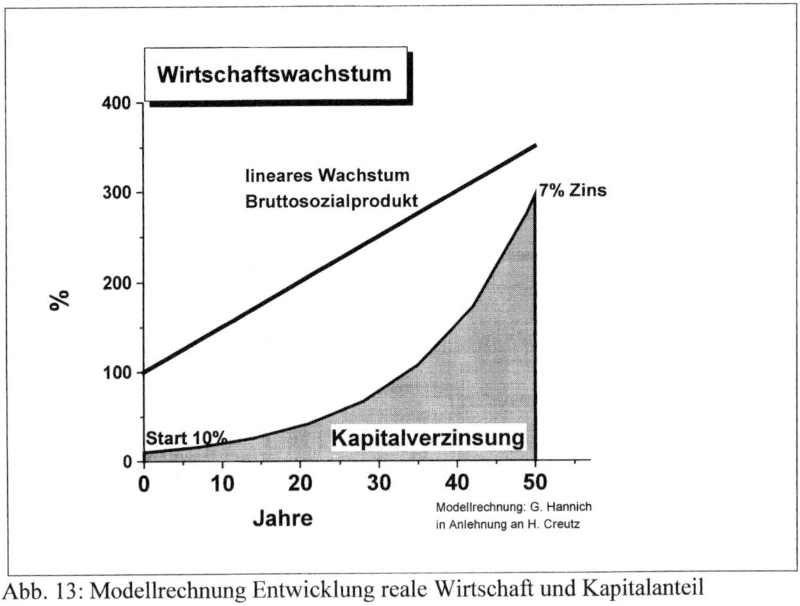

Abb. 13: Modellrechnung Entwicklung reale Wirtschaft und Kapitalanteil

Deflation bedeutet, daß sich die nachfragende Geldmenge zum Angebot verkleinert. Dies führt zu einem Preisverfall von Waren und Löhnen, die Geldbesitzer gewinnen mit zunehmender Zeit einen immer größeren Einfluß, weil ihr Kapital an Kaufkraft gewinnt.

Eine Deflation verstärkt sich dabei von selbst, sobald sie einmal zum Wirken gekommen ist: Durch den Preisverfall bricht der Konsum ein, da jeder mit Käufen wartet, bis alles noch billiger wird. Zunehmend kommen die Unternehmen in Schwierigkeiten, weil die Produkte immer schwerer abgesetzt werden können. Der Konkurrenzkampf um Marktanteile steigert sich und endet im ruinösen Wettbewerb, in dem jeder versucht, den Mitbewerber durch immer niedrigere Preise zu verdrängen. Der Druck auf die Unternehmen führt dazu, daß zunehmend Betriebe schließen müssen. Damit steigt die Arbeitslosigkeit und die noch Beschäftigten müssen schmerzliche Lohnkürzungen hinnehmen. Dadurch nimmt die Kaufkraft der Bevölkerung weiter ab, was den Absatz der Unternehmen erneut einbrechen läßt. Im weiteren Verlauf wird ein immer größerer Anteil der Bevölkerung mittellos. So entsteht eine *deflationäre Abwärtsspirale* aus niedrigen Preisen, abnehmendem Konsum und weiterem Preisverfall.

Ruin durch Schulden

Besonders wenn Sie sich, vor der Deflation verschuldet haben, kommen Sie in eine ausweglose Situation: Durch Arbeitslosigkeit oder gesunkene Löhne sind Sie nicht mehr in der Lage, die Schuldzinsen zu tragen. Gleichzeitig verlieren Ihre für die Schulden verpfändeten Güter (Grundstücke, Immobilien, Wertgegenstände usw.) durch den Preisverfall rapide an Wert. Die Banken versuchen durch Zwangsversteigerungen der vergebenen Kreditsicherheit wenigstens einen Teil der Schulden abzudecken. Die zunehmenden Zwangsversteigerungen z.B. von Häusern führen wiederum zu höherem Druck auf die Preise und ziehen eine weitere Liquidierung von Krediten nach sich. Sie bleiben mittellos und noch immer mit Schulden beladen zurück. Auch die Banken kommen in zunehmende Bedrängnis, weil ein wachsender Anteil der Kredite durch Bankrott der Schuldner nicht mehr einbringbar ist. Es kommt zu Bankpleiten, wodurch Sie Ihr Erspartes verlieren. Die Kaufkraft bricht weiter ein und die Deflation heizt sich an.

Aus logischen Schlußfolgerungen heraus muß in unserem System langfristig eine Deflation mit Wirtschaftskrise entstehen. Sie können deshalb keinesfalls auf die Sicherheit Ihrer Anlagen vertrauen. Sie sollten Verschuldung jeder Art unbedingt vermeiden.

"Wer einen Fehler gemacht hat und ihn nicht korrigiert, begeht einen zweiten."

Konfuzius

Verluste durch Währungskrisen und den Euro

Währungskrisen sind auf Fehler im Kapitalsystem zurückzuführen. Durch festgelegte Wechselkurse zwischen sich unterschiedlich entwickelnden Ländern werden Spannungen aufgebaut, welche sich letztlich in plötzlichen Wechselkursänderungen niederschlagen. Insbesondere die Einführung des Euros stellt hier eine reale Bedrohung für die Sicherheit Ihres Geldvermögens dar.

Als Mitte 1997 die Asienkrise mit der Abwertung der thailändischen Währung begann, wurden die Geschehnisse offiziell auf die falsche und überzogene Wirtschaftsentwicklung in den aufstrebenden Märkten geschoben. Grundsätzlich sei das System in Ordnung, wurde erklärt. Die Probleme weiteten sich jedoch aus und der japanische Vize-Finanzminister Sakakibara warnte bereits Anfang 1999 vor einem Zusammenbruch des internationalen Finanzsystems mit der Folge von Wirtschaftskrisen und Kriegen. Er wies darauf hin, daß einzelne regionale Finanzprobleme in einem Zusammenbruch der Weltfinanzordnung gipfeln könnten.[37] Für den Anleger wäre damit eine zu beachtende Gefahr gegeben, die es ratsam erscheinen läßt, die Ursachen aufzuklären. Um die Hintergründe der Vorgänge klären zu können, ist es zunächst sinnvoll, den Ablauf der Krisen zu betrachten und entsprechende Parallelen zu ziehen, um die weitere Entwicklung vorhersagen zu können. Am Anfang stellt sich die Frage, was Wechselkurse sind und durch was sie beeinflußt werden.

Wechselkurse

Wechselkurse entstehen dann, wenn verschiedene Länder ihre eigene Währung verwenden. Will ein Bewohner des einen Landes in das andere reisen, muß er seine Währung gegen die des Reiselandes eintauschen. Der Umtauschkurs eines Geldes in das andere ist nun der Wechselkurs. Je nachdem wie groß die Nachfrage der Währung eines Landes im Ausland ist, steigt oder fällt der Wechselkurs.

Man unterscheidet zwischen festen und flexiblen Wechselkursen: Fester Wechselkurs bedeuten, daß eine Notenbank ihren Wechselkurs zu einer anderen Währung festlegt. Durch Kauf oder Verkauf der fremden oder eigenen Währung durch die Zentralbank wird der Austauschkurs künstlich auf einem festen Niveau gehalten. Flexible Wechselkurse entstehen ausschließlich nach Angebot und Nachfrage einer Währung. Es stellte sich nun heraus, daß gerade feste Austauschkurse langfristig zu Währungskrisen führen müssen.

Feste Wechselkurse als Ursache

Auffällig ist, daß die Währungen der betroffenen Länder in den letzten Währungskrisen jeweils fest an den US-Dollar gebunden waren, wobei der Wechselkurs bei Beginn der Krise schlagartig freigegeben werden mußte. Durch die Festlegung des Wechselkurses erhofften sich die Länder ein inflationsfreies Wachstum. Das Vorgehen war jedoch von vornherein zum Scheitern verurteilt: Die Wirtschaft der aufstrebenden Länder entwickelte sich nicht im gleichen Tempo wie in den USA. Normalerweise würde ein freier Wechselkurs die Spannungen durch eine Abwertung ausgleichen. Die festgelegten Austauschkurse machten dies jedoch unmöglich, weshalb die Spannungen anwuchsen. Fatalerweise wurde durch feste Wechselkurse auch die Auslandsverschuldung ausgeweitet, weil Kredite im Ausland billiger zu bekommen waren als auf dem inländischen Kreditmarkt. Schuldner wie Gläubiger waren sorglos und vertrauten darauf, die Verbindlichkeiten zu einem festen Wechselkurs zurückzahlen zu können. Nach mehreren Jahren ließen sich die Spannungen auf den Wechselkurs nicht mehr vertuschen, zunehmende Gerüchte untergruben das Vertrauen der Anleger, das Kapital wurde panikartig aus den Ländern abgezogen - die Wechselkurse konnten nicht mehr gehalten werden und verfielen. Die hohe Auslandsverschuldung mußte nun zu einem wesentlich ungünstigeren Kurs zurückbezahlt werden. Die Staaten konnten diese Lasten nicht mehr tragen und stellten die Zahlungen ein. Durch ausbleibende Investitionen und wachsende Verpflichtungen, mußte die Armut dramatisch anwachsen. Die ausländischen Anleger hatten erhebliche Verluste zu verbuchen. Auch der Präsident der Landeszentralbank Nordrhein-Westfalen, Prof. Jochimsen, erklärte, daß die Währungskrisen in Asien, Rußland und Brasilien zum größten Teil auf rigide Wechselkursanpassung zurückzuführen waren. Durch feste Wechselkurse hätte sich Anpassungsdruck aufgestaut, welcher sich schließlich ruckartig entlud.[38] Hier stellt sich die Frage, welche Rolle der IWF bei den Krisen spielte?

Versprechen des IWF

Auffällig ist, daß wenige Wochen vor Beginn der Krisen jeweils der IWF die angebliche gesunde wirtschaftliche Struktur der Länder lobte. Es wurden Verträge über Stützungskredite unterzeichnet, wobei ein kleiner Teil der Summe sogar ausgezahlt wurde. Nach Beginn der Katastrophe sperrte der IWF jedoch die zugesagten Kredite sofort und forderte drakonische "Sanierungsprogramme" von den Staaten.

Beispiel Rußland

So wurde beispielsweise Rußland noch im Sommer 1998 als fortschrittliches Land gelobt, welches den Schritt vom Kommunismus zum Kapitalismus konsequent durchsetzen würde. Die drohende Abwertung wurde lange Zeit verharmlost. Sogar wenige Tage vor dem Beginn des Währungsverfalls schloß diese der russische Präsident Jelzin definitiv aus: "Klar und deutlich - es wird keine Devaluierung des Rubels geben, das ist so ausgerechnet, das ist meine Arbeit und unter meiner Kontrolle."[39] Der damalige russische Ministerpräsident Primakow erklärte nach der Finanzkrise im September 98, daß Rußland nie bankrott gehen werde.[40] Auch westliche Experten schlossen eine Zahlungsunfähigkeit definitiv aus.[41] Als im August der Wechselkurs des Rubels zum Dollar zunächst ausgeweitet, wenig später ganz freigegeben werden mußte, sperrte der IWF die vorher zugesagten Stützungskredite und beschleunigte damit den Verfall. Fatalerweise wurden noch, durch Unterstützung des IWF, Ende Juli 98 kurzfristige, auf Rubel lautende Schuldverschreibungen in langlaufende auf Dollar lautende Papiere umgewandelt. Die Verzinsung lag effektiv bei etwa 15%.[42] Rußland war damit nach dem Wechselkursverfall nicht mehr in der Lage, die durch die Währungsabwertung aufgewerteten Schulden zurückzuzahlen. Allein für 1999 soll fast soviel Schuldendienst geleistet werden, wie der geplante Staatshaushalt beträgt.[43]

Beispiel Brasilien

Durch Einführung der an den Dollar gebundenen Währung "Real" hat sich die Verschuldung Brasiliens seit 1994 mehr als verfünffacht.[44] Schon seit der Asienkrise 1997 mußte der Zinssatz auf durchschnittlich 30% angehoben werden, um eine Kapitalflucht mit Währungsverfall zu verhindern. Dadurch schrumpfte die Wirtschaft Brasiliens bereits im Jahr 1998 um 2,5%.[45] Der IWF sagte im November 98 einen Stützungskredit von über 40 Mrd. $ zu. Anfang Januar 1999 erklärte der drittstärkste Bundesstaat Brasiliens, den Schuldendienst an den Staat für 90 Tage aussetzen zu wollen.[46] Schnell erkannten Investoren die instabile Lage des Landes und zogen massiv Geld ab. Dadurch konnte der Wechselkurs zum Dollar nicht mehr aufrechterhalten werden, die Währung verfiel um über 40%. Wie bei Rußland, sperrte der IWF sofort alle weiteren Zahlungen. Es wurde sogar gefordert, den Zinssatz auf 70% zu erhöhen.[47] Durch höhere Zinssätze und ungünstigere Wechselkurse stiegen die Zinslasten rapide an - der Bankrott wird die Folge sein. Damit ist Brasilien in der gleichen Schuldenfalle gefangen wie Rußland. Die meisten Anleger sind sich jedoch des Risikos solch einer Anlage meist nicht bewußt. Hier stellt sich die Frage, welche Lösung von führenden Experten zur Vermeidung künftiger Krisen angeboten werden.

"Experten"-Maßnahmen

Die Experten sind sich uneinig über die zu ergreifenden Maßnahmen in den betroffenen Ländern: So schlug der renommierte Wirtschaftsexperte Prof. Bogomolow vom Moskauer Wirtschaftsforschungsinstitut die Einführung einer Parallelwährung in Rußland vor, welche völlig mit Gold gedeckt sein soll. Diese Währung solle dann den Rubel verdrängen. Als Vorbild dienen ihm die zwanziger Jahre mit der goldgedeckten Währung.[48] Daß jedoch gerade die Golddeckung des Geldes zur Weltwirtschaftskrise der dreißiger Jahre führte, wird dabei vergessen. Wenn Rußland beispielsweise gezwungen wäre, Gold zu verkaufen, müßte im gleichen Umfang Geld eingezogen werden - eine massive Deflation, mit einer noch schlimmeren Wirtschaftskrise wie heute wäre die Folge.

Für Brasilien rät der angesehene Wirtschaftsexperte Prof. Dornbusch vom MIT, USA die Schaffung eines "currency boards".

Dabei sollte jede einheimische Banknote vollständig durch US-Dollars bei der Notenbank gedeckt sein. Davon verspricht sich Dornbusch die Verhinderung von Wechselkursturbulenzen.[49] Mit solch einem "currency board" hätte Brasilien jeden Einfluß auf seine eigene Währung verloren. Die einzige Aufgabe von Regierung und Notenbank wäre dann das Zahlen von hohen Zinsen für geliehene US-Dollars, um die Gelddeckung aufrechtzuerhalten.

In Argentinien möchten Experten, Regierung und Opposition die eigene Währung so schnell wie möglich ganz aufgeben und den US-Dollar als Zahlungsmittel einführen. Währungsturbulenzen sollten damit ausgeschlossen werden.[50] Die Folgen wären fatal: Weil sich die argentinische Wirtschaft langsamer entwickelt als die amerikanische, würde sich das Kapital aus Argentinien zurückziehen. Weitgehende Verarmung wäre die Folge. Auch wäre diese Maßnahme nicht mehr rückgängig zu machen.

Die fraglichste Maßnahme wäre die Schaffung eines Weltwährungssystems mit festen Wechselkursen zwischen den wichtigsten Währungen, wie es der ehemalige Bundesfinanzminister Lafontaine und sein japanischer Kollege Miyazawa vorschlugen.[51] Gerade festgelegte Wechselkurse haben erst zu den Krisen beigetragen. Mit solch einem Weltwährungssystem wäre eine Weltwährungskrise nur noch eine Frage der Zeit. Wie die Deutsche Bank Research erklärte, entspricht der Weltdevisenhandel mit täglich 1500 Mrd. $ fast den gesamten Währungsreserven aller Notenbanken zusammen. Damit wären die Durchführbarkeit und Glaubwürdigkeit solcher "Stabilisierungsmaßnahmen" äußerst begrenzt. Ebenfalls wurde auf die Gefahr spekulativer Attacken auf die festgelegten Wechselkurse hingewiesen. Die größte Bedrohung wäre der Verlust einer unabhängigen Währungspolitik der beteiligten Länder. Bei auseinanderlaufender konjuktureller Entwicklung stelle sich die Stabilisierung von Wechselkurs und Preisniveau als unmöglich dar.[52] Feste Wechselkurse, so schrieb ein Expertenteam im Handelsblatt, sind nicht die Lösung, sondern sie sind das Problem.[53] In der Zwischenzeit haben, entgegen den Erfahrungen aus den Währungskrisen, viele Länder auf der Welt, wie beispielsweise Rumänien, Bulgarien oder Polen ihre Wechselkurse an den Dollar oder die Deutsche Mark gekoppelt. Im Kosovo wurde sogar die D-Mark im September 99 als offizielle Währung eingeführt.[54]

Weder die zuständige jugoslawische Regierung noch die Deutsche Bundesbank wurden über den Schritt der UNO unterrichtet.[55] Entstehende Währungskrisen sind damit programmiert. Angesichts der fatalen Entwicklung einer Reihe von Ländern durch feste Wechselkurse, stellt sich die Frage, welche Rolle die Einführung des Euros in diesem Zusammenhang spielt.

Der Euro - große Gefahr für die Stabilität

Die Bedrohung Ihres Vermögens durch den Euro besteht in erster Linie in der Festlegung der Wechselkurse. Die Einheitswährung wurde Anfang 1999 durch die Festlegung von Wechselkursen zur Buchwährung Euro begründet. Ab diesem Zeitpunkt sollte jede Währung die dem Eurosystem angehört, einen festen Austauschkurs zum fiktiven Euro beibehalten. Die nationalen Währungen sollen bis Anfang 2002 weiterbestehen und danach durch Eurobargeld abgelöst werden. Wie wir gesehen haben, wurden die Währungskrisen durch feste Wechselkurse zwischen Ländern unterschiedlicher Wirtschaftsleistung ausgelöst. Doch auch die wirtschaftliche Entwicklung der Volkswirtschaften in Europa unterscheidet sich gravierend. Deutlich wird dies anhand der nominalen Lohnstückkosten, also ohne Berücksichtigung des Wechselkurses (Abb. 14). Ein Anstieg der Lohnstückkosten bedeutet, daß pro Einheit produzierter Waren mehr Lohn gezahlt werden muß. In Europa verläuft die Entwicklung der meisten Volkswirtschaften ungleich. Während Deutschland sehr stabile Lohnstückkosten aufweist, ist für die ärmeren Südstaaten ein starker und für die Nachbarnationen Frankreich oder auch Großbritannien ein deutlicher relativer Anstieg zu verzeichnen. Trotz mehrjähriger Harmonisierung vor der Einführung des Euros, konnten die strukturellen Unterschiede in Europa nicht beseitigt werden. Das HWWA-Institut in Hamburg stellte bereits fest, daß es in den letzten Jahren zu keiner Annäherung der Mitgliedsstaaten der EU gekommen sei. Die Unterschiede in der Preisentwicklung seien sogar eher größer geworden. Die Differenzen seien auf erhebliche realwirtschaftliche Divergenzen in den Euroländern zurückzuführen.[56]

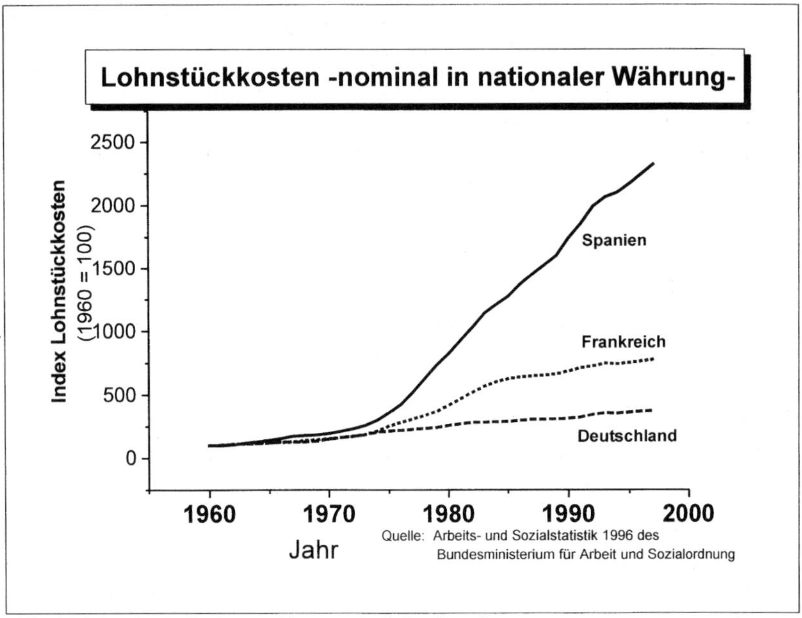

Abb. 14: Nominale Lohnstückkosten in Inlandswährung

Durch flexible Wechselkurse wäre es jedoch möglich, Produktivitätsunterschiede auszugleichen. Ein Land, in welchem die Löhne stärker als die Produktivität steigen, wird für ausländische Investoren uninteressanter, weil für die gleiche produzierte Gütermenge mehr Löhne bezahlt werden müssen, als im stabileren Nachbarland. Weil weniger investiert wird, sinkt die Attraktivität der einheimischen Währung - der Wechselkurs geht nach unten. Durch eine schwächere Währung steigt jedoch die Bedeutung der Exporte, weil für das Ausland die Produkte billiger werden. Durch vermehrte Ausfuhren nimmt wieder die Attraktivität der einheimischen Währung zu, bis das Gleichgewicht wieder hergestellt worden ist. So konnte beispielsweise Italien vor der Euroeinführung durch Abwertung der Währung seinen Exportvorteil auf dem Weltmarkt verbessern und damit Ungleichgewichte in der Produktivität zu den Nachbarstaaten ausgleichen. Wenn nun durch die Euroeinführung die Wechselkurse festgelegt werden, wird dieser Ausgleichsmechanismus beseitigt. Investoren legen nun in dem Land ihr Geld an, in welchem die Lohnstückkosten sich am stabilsten entwickeln, das heißt, wo die

Produktivität am höchsten ist. Das Geld wird damit aus den ärmeren Staaten abgezogen, um in den reicheren angelegt zu werden. Italien hatte bereits im Juni 1999 erklärt, langfristig ein Verlassen der Eurozone in Kauf zu nehmen, sollte die Wettbewerbsfähigkeit des Landes weiter unter der Einheitswährung leiden.[57] Damit kommen die jeweiligen Wechselkurse in Europa zunehmend unter Druck, die Nationalbank ist gezwungen, die Kurse künstlich zu stützen. Wie in den vergangenen Währungskrisen werden die Spannungen letztlich so groß, daß es zu plötzlichen Währungsverwerfungen kommt. Schon beim Vorläufer des Euro, dem ECU mußten die Kurse durchschnittlich jährlich neu angepaßt werden, weil die Staaten sich wirtschaftlich auseinanderentwickelten. Das Mitglied im Direktorium der Europäischen Zentralbank, Otmar Issing, nannte allgemein Wechselkursbandbreiten sogar eine Einladung an Spekulanten. George Soros konnte 1992 ohne Risiko gegen das englische Pfund spekulieren und in 14 Tagen zehn Milliarden Dollar verdienen, weil die Notenbanken die Kurse stützen mußten. Bei flexiblen Wechselkursen könnten sich die Spekulanten jedoch nie sicher sein, ob es nicht zu Gegenbewegungen käme.[58] Leider zog Issing nicht den logischen Schluß, daß damit der Euro ökonomisch nicht vertretbar ist. Bereits ein halbes Jahr nach der Begründung des Euro als Buchgeldwährung wurde laut der Londoner Times den EU-Finanzministern eine vertrauliche Studie vorgelegt, wonach das Euro-Projekt in ernsthafte Gefahr gerät. Die steigenden Haushaltsdefizite könnten zu einer "tödlichen Bedrohung" für die Einheitswährung werden.[59] Daß die endgültige Einführung des Euros noch längst nicht eindeutig ist, verrät auch die Erklärung der bulgarischen Regierung, welche ihre Währung an die DM koppelte, da die Abschaffung der Deutschen Mark noch nicht als endgültig betrachtet werden könnte.[60] Falsch ist es auch, die Einführung einer Einheitswährung mit vorerst festgelegten Wechselkursen als Mittel für mehr Wohlstand zu sehen. Empirische Studien haben ergeben, daß Länder mit flexiblen und stark schwankenden Wechselkursen keine grundsätzlich andere Wirtschaftsentwicklung hatten, als Länder mit stabileren Kursen. Im Gegenteil zeigten sich die Wechselkursänderungen als Puffer zur Abfederung exogener Störungen, etwa hoher Inflation oder einem Konjunktureinbruch bei wichtigen Auslandspartnern.[61] Noch größer wird das Risiko einer Krise, wenn es zu einer Einführung von Eurobargeld kommen sollte. Es wäre dann nicht einmal mehr der Rückgang auf die herkömmlichen Währungen, oder die Freigabe der Wechselkurse möglich. Für Sie würden damit viele Ausweichmöglichkeiten versperrt. Die Gefahr von Währungskrisen weltweit, besonders in Europa, darf nicht unterschätzt werden.

Schlußfolgerung

Wie wir gesehen habe, sind in unserem Finanzsystem eine Reihe von Fehlentwicklungen zu finden, welche eine Bedrohung für Ihr Vermögen und Einkommen darstellen. Dabei bewirkt der Zinseszinsmechanismus eine explodierende Verschuldung, weil wachsende Geldvermögen durch Zinsgewinne auf der einen, steigende Verpflichtungen mit Zinslasten auf der anderen Seite bedeuten. Deshalb können die Schulden nie zurückgezahlt werden, ohne daß gleichzeitig Geldvermögen im gleichen Ausmaß vernichtet wird. Eine Schuldenkrise ist deshalb nur eine Frage der Zeit. Gleichzeitig schmälert die wachsende Verschuldung Ihr Einkommen durch steigende Steuern und Abgaben, weil der Staat keine andere Möglichkeit mehr hat, sonst den Zinsverpflichtungen nachzukommen. Ihre Chance überhaupt Vermögen zu bilden, wird mit zunehmender Zeit geringer, weil Sie für die wachsenden Verpflichtungen des Staates, der Unternehmen oder Ihrer eigenen Kredite immer höhere Zinslasten tragen müssen. Es kommt zu einer Umverteilung von der breiten Bevölkerung, welche die Zinsen zu zahlen hat, zu wenigen reichen Geldverleihern, welche durch Zins ihr Vermögen steigern. Die wachsenden Zinslasten setzt die Wirtschaft unter Druck. Durch Arbeitslosigkeit oder Bankrott Ihres Unternehmens ist damit Ihr Arbeitseinkommen direkt gefährdet. In diesem Umfeld kommt es letztlich zu einem kompletten Zerfall des Systems in einer Deflation und Wirtschaftskrise. Dabei besteht für Sie die Gefahr, Ihr sicher geglaubtes Vermögen mit einem Schlag zu verlieren. Des weiteren wurden große wirtschaftliche Verflechtungen zwischen den Staaten aufgebaut, welche man mit festen Wechselkursen, oder Einheitswährungen, wie dem Euro, sichern will. Dadurch entwickeln sich Währungskrisen, welche für Sie wieder die Gefahr des Vermögensverlustes beinhalten.

"Krisen sind nicht nur negativ zu sehen, sie haben auch ihr Gutes. Es scheint so, als sei die Menschheit im wesentlichen nur in der Lage, sich in ihrem Verhalten umzustellen und ihr institutionelles Gefüge zu ändern, wenn Krisen mit ihren negativen Folgen das erzwingen. `Learning by suffering´, Lernen durch Leiden scheint noch die wirksamste Lernmethode zu sein."

Prof. Dr. Hesse, Landeszentralbankpräsident von Bremen, Niedersachen, Sachsen-Anhalt[62]

Welche Entwicklung ist zu erwarten?

Neben der an die Wurzel gehenden Analyse unseres Geldsystems, sollten Sie sich jeder darüber im klaren sein, welche Folgen aus den Fehlstrukturen zwangsläufig entstehen müssen. Hier hilft es wenig, sich mit dem Glauben trösten zu wollen, daß "schon nichts passieren" werde, oder daß "es doch bisher gut gegangen" sei. Nur die vorurteilsfreie, logische Betrachtung der Realität kann zum Erfolg führen. Daraus können mehrere Szenarien entworfen werden, auf welche Sie sich durch geeignete Anlagen einstellen können. Vor der Entwicklung von Szenarien über die kommende Entwicklung ist es interessant, sich den Verlauf der letzten Wirtschaftskrise zu betrachten um daraus Schlußfolgerungen zu ziehen.

Die Weltwirtschaftskrise 1929 - 1939

Die große Depression der dreißiger Jahre ist eines der besten Beispiele dafür, wie schnell sich eine massive Krise entwickeln kann. Die wenigsten sind sich darüber im klaren, daß eine Wirtschaftskrise das gewohnte Leben beeinträchtigen kann. Dazu eine Zusammenfassung aus drei renommierten Quellen:

Hugo Ritter, Der Mensch und das Geld, 1954:

Der Börsencrash 1929: Von 1912 bis 1920 stieg das amerikanische Volksvermögen von 188 auf 375 Milliarden Dollar. Trotz einer Bevölkerungszunahme nahm damit das Volksvermögen pro Kopf von 2000 auf 3600 Dollar zu. Amerika trat damit in eine Phase des Wohlstandes ein. Es entwickelte sich ein Glaube an ewige Prosperität in der Bevölkerung. Die Börsenkurse begannen ab 1924 in einem Ausmaß zu steigen, der von weitblickenden Finanziers als alamierend bezeichnet wurde. Im Jahre 1927 erreicht die Spekulation ein bisher noch nicht gekanntes Ausmaß. Das Spekulationsfieber erfaßte weite Bevölkerungsteile. Die Spekulationswelle wurde noch gesteigert, nachdem die Federal Reserve Bank 1927 den Diskontsatz von 4 auf 3,5% absenkte. Alle Warnungen vor einem Crash wurden vom US-Präsidenten Coolidge und seinem Finanzminister Mellon zerstreut. Im Januar 1928 erklärte der Präsident sogar, es bestehe kein Anlaß zur Sorge, da die Börsenkredite nicht zu hoch seien. Vorausschauende Experten sprachen schon von einer beginnenden Deflation, jedoch wurden die Warnungen nicht ernst genommen. Am 3. März 1928 erreichten die Aktienkurse neue Höchststände. Die Wall Street und die Börse wurden zum Idol der Massen. Radioapparate und Autos waren die Verkaufsschlager der zwanziger Jahre. Die Aktien dieser Unternehmen stiegen als erste und leiteten einen Boom an der Börse ein. Am 12. März 1928 wechselten 3,87 Millionen Aktien die Besitzer, der Ticker, welcher die Abschlußkurse bekanntgab, hinkte den tatsächlichen Werten hinterher. Rückschläge wurden nicht beachtet. In den Nachrichten erschienen Börsenmeldungen an erster Stelle. Mehrere male mußte 1928 die Börse geschlossen werden, um den Angestellten die Bearbeitung der Aufgaben zu ermöglichen. Zunehmend wurde der Aktienkauf mit Krediten finanziert. Doch weiterhin war eine Verharmlosung der Entwicklung von offizieller Seite zu vernehmen. Herbert Hoover erklärte beispielsweise in seiner Rede zur Nominierung als republikanischer Kandidat, daß Amerika kurz vor dem endgültigen Sieg über die Armut stehe. Das Armenhaus werde verschwinden. Im November 1928 gab es einen neuen Kursanstieg, der alles bisherige in den Schatten stellte. Es wurden über 5 Millionen Aktien an einem Tag gehandelt. Die Börsenkredite explodierten und die Zinssätze der Banken bewegten sich um 9%.

Der Zusammenbruch Anfang Dezember 1928 konnte den Glauben an eine ewige Hausse nicht stören. Zunehmend versuchte die Federal Reserve Bank die Kreditausweitung für Aktienkäufe zu beschränken, indem langfristige Kredite hierfür gesperrt wurden. Die Anleger stiegen auf kurzfristige Verschuldung um, wobei die Zinssätze schnell von 12 auf 20% stiegen. Nach einer kurzen Periode des Schwankens begann im Juni 1929 erneut ein Anstieg der Kurse. Die Amerikaner glaubten, daß es nur darauf ankomme, bei Kursverlusten nicht zu verkaufen, da der Rückgang schnell wieder aufgeholt werde. Von offizieller Seite wurde die Spekulation noch angeheizt: Der große Finanzmann J. Raskob schrieb beispielsweise einen aufsehen- erregenden Titel, der die Überschrift trug: "Jeder kann reich werden". Jeder müsse nur 50 Dollar im Monat an der Börse anlegen und könnte innerhalb 20 Jahren damit ein Vermögen von 80000 Dollar besitzen und daraus ein monatliches Einkommen von 400 Dollar erzielen. Anfang September 1929 gaben die Aktien wieder nach. Die Erholung am 2. Oktober 1929 beruhigte die Massen, gleichzeitig erreichten die Maklerkredite den Rekordstand von 6,8 Milliarden Dollar. Zunehmend jedoch widersprachen sich die Experten bezüglich der weiteren Wirtschaftsentwicklung. Ängste wurden jedoch weiterhin beruhigt. So hielt zum Beispiel Professor Irving Fisher noch am 17. Oktober 1929 eine Ansprache, in der er betonte, daß in wenigen Monaten der Aktienmarkt eine noch bessere Anlage, höher als heute sein werde. Die Erholung trat nicht ein, und am 22. Oktober begannen die Kurse gleich nach der ersten Börsenstunde zu fallen. Am nächsten Tag setzte sich das sinkende Niveau weiter fort. An diesem Tag wechselten über 6 Millionen Aktien den Besitzer. Der Ticker konnte die aktuellen Werte nicht mehr anzeigen und hinkte der Entwicklung 104 Minuten nach. Es handelte sich um Zwangsverkäufe der auf Kredit gekauften Aktien, da diese Kredite momentan zurückgezahlt werden mußten. Von Expertenseite wurde jedoch weiter beruhigt. Der Teilhaber des Bankhauses Morgan, Thomas W. Lamont, meinte beispielsweise, daß es sich nur um eine technische Korrektur und keineswegs um eine tiefgreifende Ursache handle. Bis zum Abend waren die Kurse zusammengebrochen. Am darauffolgenden Montag setzte ein weiterer Sturz ein und am Dienstag dem 29. Oktober 1929 setzten massive Panikverkäufe der "ewigen Hausse" ein Ende. Die Weltwirtschaftskrise hatte begonnen.

Die Börsenkurse verloren innerhalb weniger Jahre über 90% (Abb. 15), die Kaufkraft der Bevölkerung brach ein, Unternehmens- und Bankpleiten vernichteten das Vermögen der Sparer.

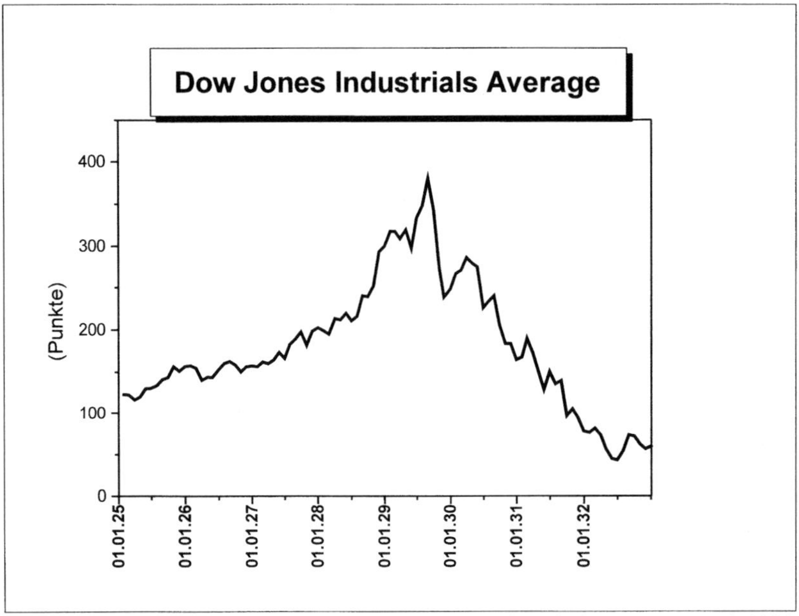

Abb. 15: Dow Jones Aktienindex, Börse USA vor und nach dem Börsencrash 1929

Deutschland: Über den Goldstandard war Deutschland an das Weltwährungssystem angebunden und wurde dabei schnell von der Krise erfaßt. Zusätzlich war nach dem Ersten Weltkrieg eine massive Verschuldung in den USA aufgebaut worden. Dabei nahmen die Banken kurzfristige Kredite in Amerika, um das Geld langfristig zu verleihen. Wenn der Rückzahlungstag kam, wurden neue, wieder kurzfristige, Kredite genommen. Ab 1927 kam es zu ersten Krisenerscheinungen. Der Zahlungsmittelumlauf ging stetig zurück, es kam zu Konkursen und wachsender Arbeitslosigkeit. Im Jahr 1930 erreichte die ausländische Verschuldung einen Höhepunkt. Deutschland schuldete dem Ausland 22 Milliarden Mark. Davon hatten 12 Milliarden eine längere Laufzeit, aber 12 Milliarden waren kurzfristige Schulden.

In der Krise wurden die Kredite zunehmend zurückgezogen und deutsches Währungsgold floß nach Amerika. Als am 11. Mai 1931 die Österreichische Kreditanstalt zusammenbrach, entstand eine weltweite Angst um Kapitalanlagen in Deutschland. Im Lauf von wenigen Wochen büßte die Reichsbank Gold und Devisen von 2 Milliarden Reichsmark ein. Ab Juli 1931 kam es zu einem Run auf die Banken. Ausländische und deutsche Kunden hoben ihr Geld von den Bankkonten ab. Der Hauptansturm galt der Darmstädter- und Nationalbank. Das Kapital der Bank setzte sich aus 2,18 Milliarden Auslands- und nur 0,12 Milliarden Inlandsverschuldung zusammen. Am 13. Juli 1931 stellt die Bank alle Zahlungen ein. Gleichzeitig übernahm die Regierung die Garantie für die Bank und ordnete für alle Kreditinstitute Bankfeiertage an. Immer mehr Banken mußten später gestützt werden.

Deflationspolitik: Reichskanzler Brüning versuchte nun, um die deutschen Exporte anzukurbeln, die Warenpreise durch zusätzlichen deflationären Druck zu senken. Die Zahlungsmittelmenge wurde weiter eingeschränkt. Eine Abwertung der Währung oder Aufgabe des Goldstandards wäre viel sinnvoller gewesen, jedoch wurde dies ausgeschlossen. Trotz zusätzlichem deflationärem Druck gelang es nicht, das Preisniveau an das Ausland anzupassen. Die Folgen für den sozialen Frieden waren verheerend.

Grund für die Ausbreitung der Krise: Der Zusammenbruch bewirkte eine Rückkehr zum Bargeld. Amerika versuchte massiv, Geld aus allen Ländern abzuziehen, es kam zu einer Ausbreitung der Krise über die ganze Welt. Die tiefere Ursache für die schnelle Verbreitung der Krise lag jedoch in der Golddeckung des Geldes. Obwohl der Preisindex seit dem Ersten Weltkrieg durchschnittlich um 50% gestiegen war, wurden die Goldstandards aufgrund der alten Preisindizes festgelegt. Bezüglich des Goldstandards waren damit die Preise um etwa 40% zu hoch. Damit war der Goldpreis zu niedrig festgesetzt und die Goldproduktion wurde unrentabel. Die Golddeckung ging damit stetig zurück, obwohl die wachsende Wirtschaft eine Ausweitung des Geldumlaufes benötigt hätte. Das Auftreten der ersten Spannungen hatte ein Zurückziehen des Goldes zur Folge.

Die Notenbanken mußten umlaufendes Geld einziehen, um den Goldstandard aufrechtzuerhalten. Die Preise verfielen und gleichzeitig wurde die Entwicklung durch eine Korrektur der Warenpreise zum Gold weiter angeheizt. Ein nochmaliger Verfall der Warenpreise um 40% war die Folge.[63]

Canadian Geographic Dec. 89/Jan 90 The Great Depression:

Auswirkungen der Krise: Die Weltwirtschaftskrise begann mit dem Börsencrash an der Wall Street im Oktober 1929 und endete erst mit dem Beginn des Zweiten Weltkrieges. Die zwanziger Jahre waren in den meisten Ländern Boomjahre. Die Löhne stiegen deutlich und Wohlstand breitete sich aus. An den Börsen kam es, vor allem in den USA, zu schnellen Zuwächsen. Niemand wollte erkennen, daß viele Betriebe, deren Aktien man kaufte, kaum Gewinne abwarfen und deshalb nicht die hohen Aktienzuwächse rechtfertigen konnten. Statt die Widersprüche zu erkennen, glaubten die meisten Menschen den Experten. Der angesehene Banker Bernard Baruch beispielsweise erklärte noch im Juni 1929, daß sich die ökonomischen Bedingungen der Welt auf einer neuen Stufe einer großen Bewegung nach vorne befänden. Im Oktober sanken jedoch die Aktienkurse unerklärlicherweise und eine Panik setzte ein. Innerhalb 7 Monaten waren Amerika und die übrige Welt in einer Depression. Die Arbeitseinkommen sanken drastisch. In Kanada reduzierten sich die Löhne beispielsweise je nach Region, zwischen 49 und 71%. Gleichzeitig gingen die Warenpreise herunter. Getreide, welches 1929 noch zu 1,61 Dollar verkauft wurde, war 1932 nicht einmal mehr für 38 cent zu veräußern. In der Deflation lohnte sich nicht einmal mehr die Ernte, da die Selbstkosten für den Anbau höher lagen als der zu erwartende Gewinn. Teilweise war das Getreide unverkäuflich, da niemand Geld für den Erwerb hatte. Die Erlöse sanken, während die Nebenkosten, wie zum Beispiel der Transport, relativ hoch lagen. Wenn zum Beispiel jemand einen Stier verkaufen wollte, waren die Kosten für den Transport zum Markt höher als der zu erwartende Gewinn. Durch mangelnde landwirtschaftliche Nutzung wegen der Krise und dem Ausbruch einer Dürre, wurden große Flächen in Nordamerika in eine Wüste verwandelt.

Neben den Warenpreisen brachen auch die Boden- und Immobilienpreise ein. Häuser oder Boden erbrachten oftmals nur noch 10% des Preises als vor der Krise. Verheerend waren die Folgen für den Arbeitsmarkt. Da sich die Gütererzeugung wegen der niedrigen Preise nicht mehr lohnte, wurden Beschäftigte entlassen. Auf zwei Stellen einer kanadischen Obstplantage bewarben sich über 200 Menschen. Der Lohn wurde dadurch auf 10 cent je Stunde gedrückt. Es gab in Kanada keinerlei Unterstützung von Bedürftigen, weder Arbeitslosengeld noch Sozialhilfe. Auch die Arbeitsbedingungen wurden immer weiter verschärft. So arbeiteten viele Arbeiter nur noch auf Abruf, Pausen oder Vergünstigungen wurden restlos gestrichen. Oftmals mußten Beschäftigte unterhalb der gesetzlichen Mindestlöhne arbeiten. In Kanada wurden gleichzeitig Arbeitslager für Jugendliche eingerichtet, in denen diese für einen Hungerlohn von 20 cent am Tag arbeiten mußten. Auf der ganzen Welt wurden Handels- beschränkungen erlassen, der Welthandel brach zusammen. Die Regierung von Kanada beispielsweise ignorierte zum großen Teil die Vorkommnisse. Das Interesse der Menschen an Politik erreichte ein Minimum. Politische Zeitungen waren nicht zu verkaufen. In den USA kam es zu einer drastischen Zunahme der Kriminalität - Bank- oder Raubüberfälle waren an der Tagesordnung. Die Gewinner der Deflation waren diejenigen, welche ihr Geld rechtzeitig in Sicherheit brachten, oder Arbeitsstellen in starken Industriebereichen behielten. Diese konnten die sinkenden Preise für günstige Käufe nutzen. Erst der Zweite Weltkrieg beendete die Krise. Im Jahr 1941 war die Depression nur noch in den Erinnerungen der Menschen vorhanden.[64]

Weimarer Republik, Bundeszentrale für politische Bildung

Verhältnisse in Deutschland: Nach den USA war das Deutsche Reich am stärksten von der Krise betroffen. Es hatte etwa drei Viertel der kurz- bis mittelfristigen Auslandskredite für langfristige Investitionen eingesetzt. Das Bruttosozialprodukt sank in der Weltwirtschaftskrise 1929 um 5%, 1930 um 4,2%, 1931 um 12,1% und 1932 um nochmals 5%. Die Zahl der jährlichen Konkurse verdoppelte zwischen 1928 und 1931.

Es entstand ein Teufelskreis aus sich verringernder Kaufkraft, zurückgehender Nachfrage, sinkender Produktion und weiteren Entlassungen, der auch die Dauerkrise in der Landwirtschaft verstärkte. Viele kleine und mittlere Bauern konnten ihre Schulden nicht mehr abbezahlen. Die Massenarbeitslosigkeit überstieg bei weitem die Möglichkeiten der Arbeitslosenversicherung. Um einen ausgeglichenen Haushalt vorzuweisen, erhöhte die Regierung Brüning die direkten Steuern (auf Löhne, Einkommen und Umsatz), vor allem jedoch die indirekten Abgaben. Die staatlichen Sozialzuwendungen wurden zurückgefahren und die Löhne und Gehälter im öffentlichen Dienst gesenkt. Es zeigte sich schnell, daß die Maßnahmen der Regierung die Krise weiter verschärften. Durch Absenkung der Einkommen verringerte sich die Kaufkraft, dadurch ging die Produktion weiter zurück, während die Arbeitslosigkeit rapide anstieg. Je länger die Krise anhielt, desto mehr Arbeitslose fielen spätestens nach 26 Wochen (über 40jährige nach 39 Wochen) aus der bescheidenen Arbeitslosenversicherung heraus. Danach erhielten sie bis zu 39 bzw. 52 Wochen eine deutlich reduzierte, bedürftigkeitsgebundene Krisenunterstützung; schließlich die noch knapper bemessenere (rückzahlungspflichtige) kommunale Wohlfahrtsunterstützung. Von den 4,7 Millionen Arbeitslosen im Frühjahr 1931 bezogen 43 Prozent Arbeitslosengeld, 21 Prozent Leistungen der Krisenfürsorge und 23 Prozent Zuwendungen der Wohlfahrtsunterstützung. Die übrigen 13% erhielten überhaupt keine Unterstützung. Nach der Einstellung von Zahlungen durch die Österreichische Creditanstalt konnten die Bankkunden nur noch in beschränktem Umfang über Guthaben verfügen. Als erstes Land koppelte England das Pfund Sterling am 21. September 1931 vom Goldstandard ab, um es 20% abzuwerten. Damit stieg der Wert der Reichsmark im Ausland. Deutsche Produkte verloren ihre Konkurrenzfähigkeit auf dem Weltmarkt. Brüning antwortete darauf mit einer weiteren Verschärfung des Deflationsdrucks: Nach der Notverordnung vom 6. Oktober 1931 konnten Arbeitslose nur noch 20 statt 26 Wochen Leistungen erhalten. Durch die Bankenkrise, Pfundabwertung und deflationspolitische Notverordnungen kam es zu einem erneuten Anstieg der Arbeitslosigkeit. Ende Februar 1932 gab es 6,1 Millionen registrierte Arbeitslose, mit den nicht gemeldeten Arbeitslosen über 7,6 Millionen.[65]

Schlußfolgerungen: Aus der Depression vor 70 Jahren lassen sich mehrere Schlußfolgerungen ziehen:

- Die Krisensymptome wurden von offizieller Seite verharmlost.
- Die Wirtschaftsexperten irrten fast alle.
- Die Anleger wurden von der Wirtschaftskrise völlig überrascht.
- Vor dem Crash waren schon deflationäre Anzeichen gegeben.
- Hauptgrund für die Krise war die Überschuldung der Volkswirtschaften und Aufblähung der Aktienkurse.
- Die Krise breitete sich durch feste Wechselkurse im Goldstandard weltweit aus.
- Die finanzielle Abhängigkeit der Nationen wirkte sich für alle schädlich aus.
- Der Welthandel brach praktisch zusammen.
- In der Krise wurde wieder überwiegend mit Bargeld bezahlt.
- Es zählte nur Geldkapital, Sachkapital verfiel im Preis.
- Bankguthaben waren nicht sicher, die Verfügung darüber wurde eingeschränkt.
- Die Depression machte einen normalen Gelderwerb mit regelmäßigem Einkommen unmöglich.
- Auf Arbeitslosengeld oder Sozialhilfe war kein Verlaß.
- Die Regierung unterstützte die Krise durch deflationäre Politik (Sparmaßnahmen, Lohnsenkungen)

"Wir haben derzeit eine beispiellose Belastung der Wirtschaft. Vielleicht die schlimmste seit den 30er Jahren. ... Aufgrund der Globalisierung ist jeder mit dem Dynamit verbunden. Das macht die Situation sehr gefährlich. Ja, wir stecken in einer sehr schwierigen Situation. Ja, es kann noch weitaus schlechter werden. ..."

Rudi Dornbusch, Ökonom, zur drohenden Wirtschaftskrise 1998[66]

Parallelen zu heute

Berücksichtigt man die damaligen Bedingungen im Vorfeld des Börsencrashes, fallen einige Parallelen zur heutigen Zeit auf: Offiziell wird eine Finanzkrise in den USA oder Europa ausgeschlossen, obwohl kritische Analysten schon lange auf das aufgeblähte Börsenniveau oder deflationäre Anzeichen hinweisen. Besonders kritisch ist das Wachstum von Dienstleistungswerten wie beispielsweise Computer- oder Internet-Aktien zu sehen, da hier keine realen Werte im Hintergrund stehen. Weltweit wurden feste Wechselkurse eingeführt, wodurch sich eine Kapitalkrise in einem Land schnell auf die ganze Welt ausbreiten könnte. Besonders die Einführung des Euros stellt hier eine Gefahr dar. Gleichzeitig wurde die finanzielle Abhängigkeit der Nationen untereinander ausgeweitet. Die Verschuldung der Staaten erreichte überall Rekordniveau. Das Volumen der Devisentransaktionen steigert sich ständig. Der Welthandel hat ebenfalls Rekordniveau erreicht. Festzustellen ist auch, daß die heutige Entwicklung der Börsenindizes und der Verschuldung erheblich stärker verläuft als in den zwanziger Jahren. Schon im Vorfeld der Krise wird heute die Kaufkraft durch Sparmaßnahmen der Regierung weiter eingeschränkt. Ebenfalls werden die Leistungen der Arbeitslosen und Sozialhilfeempfänger ständig reduziert. Deutlich kann daraus erkannt werden, daß eine kommende Krise größere Auswirkungen auf den einzelnen haben wird als die Depression der dreißiger Jahre. Einmal ist heute die Wirtschaft erheblich zentraler gestaltet. Die Kleinbauern beispielsweise, welche in den dreißiger Jahren die Städte versorgten, sind größtenteils verschwunden. Der landwirtschaftliche Sektor wird nur noch von einer kleinen Minderheit besetzt. Durch Verlust des regionalen Wirtschaftens ging eine zunehmende Abhängigkeit vom Transportsektor einher.

Gleichzeitig nahm der Einsatz und damit die Abhängigkeit von Maschinen, Pestiziden und Düngemitteln in der Landwirtschaft dramatisch zu. Eine ähnliche Wirtschaftskrise wie damals würde heute eine Nahrungsmittelkrise in den Industriestaaten auslösen. Die überschuldeten Bauern können dann die Kredite nicht mehr abzahlen, der Preisverfall wird gleichzeitig die Selbstkosten nicht mehr abdecken und die Nahrungsmittelerzeugung muß zusammenbrechen. Ähnliches wird mit dem Transportsektor geschehen. Ohne ständige Zulieferung sind heute die Supermärkte innerhalb von etwa 2 Tagen ausverkauft, da die Lagerhaltung zur Kostenersparnis vermieden wird. Der einbrechende Welthandel wird ebenfalls zur Knappheit wichtiger Güter beitragen. Auch auf dem Finanzsektor werden die Schäden im Vergleich zur großen Depression, erheblich größer. Damals wurde noch überwiegend mit Bargeld bezahlt. Heute wird zunehmend mit Kartengeld eingekauft. Durch eine Finanzkrise wird ein Großteil der Kreditkartengesellschaften und Banken in Schwierigkeiten kommen. Die Karten werden bei den Unternehmen wegen der zweifelhaften Sicherheit der dahinterstehenden Gesellschaften nicht mehr akzeptiert werden. Damit wird ein erheblicher Teil der Bevölkerung ihr gewohntes Zahlungsmittel verlieren. Als Folge davon muß die Kaufkraft absinken, womit die Unternehmen in Schwierigkeiten kommen. Die Krise wird erheblich größere Auswirkungen zeigen als damals. Weil verfügbares Geldkapital in der Krise sehr viel zählt, ist die Vorbereitung und Sicherung des vorhandenen Vermögens entscheidend für Ihren späteren Lebensstandard.

"Der Sturm legt sich nicht, wenn man das Barometer zerbricht."

Andre Astoux

Szenarien für eine Wirtschaftskrise heute

Die fundamentalen Fehler im Finanzsystem führen letztlich zu krisenhaften Zuständen. Deshalb enden die meisten beschriebenen Szenarien letztlich in einer Krise mit Vermögensverlust für den Anleger. Auch andere kritische Analysten warnen vor der kommenden Entwicklung: Im Winter 1998 befragte die Wirtschaftszeitung International Herald Tribune die 20 renommiertesten Experten an der Wall Street und in Washington über ihre Ansichten zu Finanzkrisen. Obwohl die Aussagen wenig übereinstimmten, waren sich alle einig, daß wir eine Serie von Finanzkrisen in den nächsten Jahren erleben würden.[67] Der Chefökonom der Deutschen Bank Research, New York Yardeni, schilderte fünf denkbare Szenarien für die Zukunft, von welchen drei in eine Weltrezession führen würden. Eine schwere Rezession sei mit 40%, eine Depression mit 25% zu erwarten.[68] Das Risiko, in den nächsten Jahren in eine Wirtschaftskrise verwickelt zu werden, ist für Sie demnach nicht zu unterschätzen. Dabei besteht durchaus die Gefahr, daß Sie Ihr Vermögen verlieren. Entscheidend ist, daß Sie sich vor der Krise bereits grundlegende Gedanken darüber gemacht haben, welcher Ablauf zu erwarten ist. Erst dann können Sie geeignete Gegenmaßnahmen treffen, um Ihr Erspartes zu sichern. Nicht umsonst heißt das Sprichwort: "Gefahr erkannt, Gefahr gebannt." Der Unwissende wird vom kommenden Crash überrascht und verliert seine Sicherheit und Freiheit. Hier stellt sich die Frage, welche Szenarien für die weitere Entwicklung denkbar wären.

"`Wir sind Zeugen eines historischen Booms von nie gekannter Dimension´, so schrieb im Juli vergangenen Jahres das amerikanische Zeitgeistblatt `Wired´. Die Weltökonomie werde sich alle zwölf Jahre verdoppeln und Milliarden von Menschen nie erlebten Wohlstand bringen: `Vor uns liegen 25 Jahre Reichtum und Freiheit - haben Sie etwa ein Problem damit?´"

Der Spiegel 12.10.98

Szenario 1: Aktienanstieg, Aufschwung, Preisstabilität

Dieses offizielle, heute verbreitete Szenario geht von einem immerwährenden Wachstum bei Preisstabilität aus. Die OECD sprach noch Anfang 1998 davon, daß sich die Welt am Vorabend eines globalen Wirtschaftsaufschwunges befände. Die Produktion sollte bis 2020 auf das Doppelte wachsen. In Ländern wie China, Indien, Indonesien, Rußland und Brasilien solle sich die Produktivität sogar versechsfachen.[69] Das RWI rechnete für 1999 mit einem Wachstum des Welthandels von 4,5% und im Jahr 2000 mit 7%.[70] Auch einen Anstieg des Wirtschaftswachstums in Japan im ersten Quartal 1999 im Vergleich zum Vorjahr von 7,9%, sowie neue Investitionen des Staates von 500 Mrd. Dollar, bewerteten viele Experten als positiv.[71] Der amerikanische Börsenexperte Harry S. Dent meinte, daß der Börsenboom erst im Jahre 2008 seinen Höhepunkt erreichen werde. Der Dow Jones Aktienindex solle dann bei 35000 Punkten stehen.[72] Der Templeton Fondmanager Mobius rechnet bereits mit einer "Korrektur nach oben", also steigenden Kursen. Auf Dollarbasis berechnet, sehe er ein enormes Aufholpotential an den Börsen der Schwellenländer. So müsse Thailand um 498%, Korea um 118% und Indonesien um 455% aufholen, um die vor der Krise erreichten Höchststände wieder zu erlangen.[73] Ebenfalls prophezeite der Fondspezialist David Alger eine Börsenhausse ohne Ende. Der Dow Jones solle bis zum Ende des ersten Quartals 2004 die Marke von 20000 Punkten überschreiten. Internet Aktien würden geradezu explodieren, dies sei keine Kursblase, sondern die "neue Realität".[74]

Leider berücksichtigt dieses Szenario nicht die fundamentalen Bedingungen unseres Kapitalsystems. Weder wird die Unmöglichkeit eines ewigen Wachstums erkannt, noch der Zusammenbruch des exponentiell explodierenden Finanzsystems berücksichtigt. Es werden lediglich momentan vermutete Entwicklungen in die Zukunft projiziert.

Auch historische Beispiele werden in diesen Prognosen nicht berücksichtigt. In der Vergangenheit hat das Zinssystem nie länger als einige Jahrzehnte gehalten, bis es wieder zu einem neuen Zusammenbruch kam. Dabei war jede Wirtschaftskrise schlimmer als die vorhergehende. Zu beobachten war ein 60 Jahres-Zyklus, wobei das System immer etwa sechzig Jahre vom Aufbau bis zum Zerfall benötigte. Wie das Beispiel der Weltwirtschaftskrise in den dreißiger Jahren zeigte, war davor die Ansicht der Experten der heutigen ähnlich, niemand wollte sich einen Zusammenbruch vorstellen. Als die Krise dann plötzlich kam, war niemand darauf eingestellt oder vorbereitet. So traf das Unglück die Anleger stärker als es bei nüchterner Betrachtung vorher der Fall gewesen wäre. Realistischer ist hier das von einer Minderheit prognostizierte Szenario eines Zusammenbruchs, welches von fundamentalen Faktoren ausgeht (heute, wie vor dem Börsencrash 1929).

"Börsensitzungen ... als die weithin beachteten Indizes explosionsartig stiegen, zögern die von vielen Technikern vorausgesagte Korrektur oder Baisse nur hinaus. Sie erhalten den von vielen Anlegern über die Jahre hinweg erlernten Mythos, man müsse bei Schwäche nur kaufen, und schon zähle man morgen zu den großen Gewinnern, am Leben. Um so heftiger dürfte die Korrektur später ausfallen, denn dieser Mythos müsse eines Tages gebrochen werden, hieß es."

Frankfurter Allgemeine Zeitung, 15.2.99

Szenario 2: Aktiencrash, Deflation, Dollarsturz

Dabei geht die Annahme von einer Überbewertung des Aktienniveaus aus, welches mit fundamentalen Gegebenheiten nicht mehr in Einklang zu bringen ist. Gleichzeitig haben sich die finanziellen Grunddaten verschlechtert. Die weltweite Verschuldung ist genauso explodiert, wie sich Leistungsbilanzungleichheiten aufgebaut haben. Diese falschen Entwicklungen müssen früher oder später zu einer Korrektur führen. Da sich lange Zeit Korrekturbedarf aufgestaut hat, wird die Rücknahme in einer Panik, einem Zusammenbruch enden. Hier wurden mehrere Szenarien in der Fachpresse diskutiert:

Eine der größten weltweiten Investmentbanken, die HSBC (Hong Kong Shanghei Bank) befürchtet einen Aktiencrash, welcher zu einer steilen Dollarabwertung, bis hin zu einer Rezession im Jahr 2001 führen könnte. Die HSBC vermutet, daß die Spekulationsblase an den Börsen durch ansteigende Zinsen und einem schwach werdenden Dollar platzen wird. Der Einbruch würde sich bis Mitte 2000 hinziehen. Das Ergebnis könnte, durch Schwierigkeiten in Europa und Japan, eine weltweite Rezession sein.[75] Der Präsident der Bank für internationalen Zahlungsausgleich (BIZ) wies bereits Mitte 1999 darauf hin, daß die Aktienkurse in den USA und anderen Industrieländern überbewertet seien und rasch unkontrolliert sinken könnten. Auch gebe das steigende Leistungsbilanzdefizit in Amerika Grund zur Sorge. Falls das Ausland nicht mehr bereit sei, die amerikanischen Auslandsschulden zu finanzieren, könnte ein fallender Dollar die Zinsen erhöhen und für ein Ende des Aufschwungs sorgen.[76]

Der Analyst Ralph Bloch von Raymond James & Associates erkannte bereits, daß das im ersten Halbjahr 1999 erreichte Minimum der Marktbreite zuletzt im August 1928, also vor dem großen Börsencrash, erreicht wurde. Geringe Marktbreite bedeutet, daß der Aktienaufschwung nur von wenigen Werten getragen wird.[77] Auch der ansonsten sehr optimistische IWF warnte bereits vor den überhöhten Aktienkursen. Die überdurchschnittlich gestiegenen Aktienkurse in den USA stellten eine Gefahr für die Märkte der Welt dar. Ein plötzlicher Kurseinbruch könnte in einer Kettenreaktion mit weitreichenden Erschütterungen enden. Ein weiteres Risiko sieht der IWF im hohen Leistungsbilanzdefizit der USA. Dies könne zu einem plötzlichen Kursverfall des Dollars gegenüber Euro und Yen führen und eine gefährliche Schwankungsanfälligkeit der Wechselkurse weltweit auslösen.[78]

Denkbarer Ablauf: Als wichtige Punkte wurden ein Absinken des Aktienniveaus bzw. Dollarkurses, das zunehmende amerikanische Leistungsbilanzdefizit und die zurückgehende Marktbreite genannt. Denkbar wäre, daß es durch einen äußeren, unerwarteten Auslöser (Naturkatastrophe, Krieg, Energiekrise, Bankrott wichtiger Banken) zu einem massiven Aktiencrash in Amerika käme. Möglich wäre auch, daß die geringe Marktbreite (der Aktienindex wird nur noch von wenigen Aktien nach oben getrieben) durch Ausfall einer tragenden Aktie (beispielsweise durch Bankrott eines großen Internetanbieters) einen Rückgang des Aktienniveaus auslösen könnte. Die sinkenden Börsenwerte würden schnell eine Panik auslösen, wenn die Marktteilnehmer die Überbewertung realisierten. Ein panikartiger Verkauf an der Wall Street müßte zur Flucht des Kapitals aus dem amerikanischen Raum führen. Gleichzeitig müßte der überhöhte Dollarkurs wegen des hohen Leistungsbilanzdefizits der USA korrigiert werden. Es käme zu starken Verlusten an der Börse und einem erheblichen Nachgeben des Dollars.

Auswirkungen: Die eigentliche Gefahr eines Aktiencrashes besteht darin, daß die Konsumbereitschaft der Bevölkerung eingeschränkt wird. Würde beispielsweise in den USA ein Crash 50% des Aktienwertes vernichten, dann müßten die betroffenen, oftmals verschuldeten, Anleger ihren Konsum einschränken.

Etwa zwei Drittel der Wirtschaftstätigkeit fallen in Amerika auf den Konsum, womit sich sofort eine Rezession durch abnehmende Wirtschaftsleistung entwickeln würde. Durch Ausfall des weltweit größten Importlandes USA müßte auch die Konjunktur der anderen Staaten zurückgehen. Unter diesen Umständen wäre ein Abfall des Dollars zu erwarten. Ausländisches Kapital, welches den Dollar bisher nach oben trieb, würde nun in andere Länder abfließen und den Wechselkurs unter Druck bringen. Um eine Dollarkrise aufzuhalten wäre die Nationalbank in Amerika gezwungen, die Zinsen anzuheben. Dies würde die Konjunktur in Amerika weiter abwürgen. Der ansteigende Yen Kurs zum Dollar müßte in Europa und Asien zu einer abnehmenden Exportrate führen und dort die Wirtschaftskrise weiter verschlimmern.[79] Gleichzeitig würden die Schwellenländer erheblich getroffen, weil Kapitalströme aus den reichen Nationen versiegen würden. Auf diese Gelder sind die Staaten jedoch laufend angewiesen, weil durch die hohe Verschuldung ständig alte Anleihen durch neue finanziert werden müssen. Ebenfalls müßten Länder mit kurzfristiger Auslandsverschuldung zerbrechen, wie beispielsweise Argentinien, Türkei oder Südafrika.[80] Das Szenario würde letztlich in einer deflationären Abwärtsspirale und einer Kreditklemme enden. Diese Entwicklung wäre schon beinahe im Herbst 1998 abgelaufen, wenn nicht die amerikanische Notenbank schnell Liquidität durch Absenkung des Leitzinses zur Verfügung gestellt hätte. Der ehemalige Bundesbankpräsident Pöhl stellte klar, daß die Finanzmärkte im Herbst 1998 vor dem Zusammenbruch standen. Höhepunkt sei der Beinahe-Bankrott des Investmentfonds LTCM gewesen. Ähnliches könne wieder geschehen, auch wenn die Banken mit der Kreditvergabe vorsichtiger geworden wären. Als neues Risiko verwies er auf das steigende Leistungsbilanzdefizit der USA.[81] Auch der Chefvolkswirt der Europäischen Zentralbank Otmar Issing hat geäußert, daß der Aktiencrash 1987 nur deshalb auf Deutschland keinen Einfluß hatte, da damals nur rund 5% der Haushalte Aktien besaßen. Für die Unternehmen hatte die Finanzierung über Aktien noch keine Bedeutung gehabt. In Amerika haben heute jedoch über 50% der Haushalte ihr Vermögen in Aktien investiert. Veränderungen des Aktienniveaus hätten deshalb jetzt ganz andere Folgen als 1987.[82] Neben der Absenkung des Börsenniveaus sind auch Szenarien denkbar, welche von einem veränderten Preisniveau ausgehen.

"Was ist, wenn die Anleger plötzlich zu der Erkenntnis kommen, daß die Gewinnerwartungen, die hinter diesen Kursen stehen, unrealistisch waren, unter anderem wegen der Krise in Asien und Rußland? Dann könnte daraus ein Absturz werden, der auf den Gütermärkten in eine regelrechte Deflation mündet, in einen Preisverfall mit unabsehbaren Folgen für die gesamte Weltwirtschaft. Kein Wunder, daß nachdenkliche Experten in diesem Zusammenhang immer wieder an den Börsenkrach von 1929 und die anschließende Weltwirtschaftskrise erinnern."

Süddeutsche Zeitung, 27.8.98

Szenario 3: Inflation/Deflation

Inflation: Die meisten Menschen, welche Angst vor einem Vermögensverlust äußern, nehmen an, daß das Ersparte von einer Inflation verzehrt werden könnte. Jedoch ist diesem Tatbestand heute nur wenig Wahrscheinlichkeit beizumessen. Eine Studie der Bundesbank hat ergeben, daß die ausgewiesene Inflationsrate um 0,75% überzeichnet ist.[83] Eine Preissteigerungsrate von 0% bedeutet dabei einen Preisrückgang. Festzustellen ist, daß die heute ausgewiesene Inflationsrate zum großen Teil nur auf Steuererhöhungen zurückzuführen ist. So führte die am 1.4.1999 eingeführte Ökosteuer auf Mineralölerzeugnisse zu einer Erhöhung der Erzeugerpreise von April zum Vormonat um 0,6%.[84] Das Statistische Bundesamt erklärte, daß durch die Ökosteuer die Inflationsrate um 0,3 Prozentpunkte angehoben wurde.[85] Eine Inflation wäre nur dann denkbar, wenn die Notenbanken damit beginnen würden, die Geldausgabe zu erhöhen. Dieses Vorgehen ist jedoch heute nur noch schwer durchsetzbar, da praktisch alle wichtigen Notenbanken von der Regierung unabhängig sind. Auch würde eine Inflation den Zinssatz um die Inflationsrate erhöhen, steigende Zinsen jedoch würden die Wirtschaftsleistung reduzieren. Gleichzeitig müßte der Wechselkurs stark nachgeben. Bei der heutigen Größe der Auslandsverschuldung vieler Länder würde eine Abwertung der Währung durch Inflation die Rückzahlung der Schulden noch weiter erschweren. Trotz der Unwahrscheinlichkeit einer Hyperinflation sollen hier einige Beispiele zeigen, wie die Entwicklung abläuft:

Hyperinflation 1923: Durch Zinszahlungen und Schuldentilgung, wegen Reparationszahlungen nach dem Ersten Weltkrieg, war der Haushalt der deutschen Reichsregierung Anfang der zwanziger Jahre stark angespannt. Die Regierung versuchte mit immer höheren Reichsbankkrediten und Betätigung der Notenpresse der Lage Herr zu werden. Das Giralgeld wuchs auf 500 Trillionen Mark, das umlaufende Bargeld auf fast dieselbe Menge. 300 Papierfabriken und 150 Druckereien waren mit der Herstellung von Banknoten beschäftigt. Die Kaufkraft des deutschen Geldes sank ins Bodenlose, der Kurs zum Dollar stieg steil an. Die Reichsbanknoten wurden mit immer höherem Nennwert ausgegeben. Es setzte eine Flucht in Dollar, Sachwerte und Immobilien ein. Die Geschäftsinhaber brachten ihr Geld schnellstmöglich auf die Bank und tauschten dieses in Fremdwährungen um. Wegen des schnellen Preisverfalls wurde der Lohn zweimal täglich ausgezahlt. Schnell verlor das Geld seine Zahlungsmittelfunktion gänzlich, und es wurde mit Naturalien bezahlt. Gewinner waren die Schuldner, welche ihre Schulden schlagartig mit wertlosem Geld zurückzahlen konnten und der Staat, welcher seine Kriegsanleihen bei den Bürgern zurückzahlte. Ferner profitierten Mieter, Pächter und besonders Exportunternehmer, welche ihre Produkte gegen Auslandswährung verkauften. Verlierer waren die Gläubiger, die wertloses Geld zurückerhielten, ebenso die Bezieher fester Einkommen (Arbeitnehmer, Rentner, Vermieter, Pächter) und die Besitzer von Sparguthaben.[86]

Rußland 1992: In den Jahren 1992 und 93 wurde das Geld in Rußland durch eine plötzliche Hyperinflation mit Absturz des Rubelkurses so schnell vernichtet, daß Millionen ihr Erspartes verloren hatten, ehe sie begriffen, was geschehen war.[87]

Schlußfolgerung: Im Fall einer Hyperinflation ist es entscheidend, sein Geld möglichst schnell in Sachkapital, bzw. inflationsarme Währungen einzutauschen. Die ist jedoch nur möglich, wenn Sie die Mittel liquide, also kurzfristig angelegt haben. Ist das Vermögen langfristig festgelegt, wird dieses durch die Inflation vernichtet, ohne daß Sie die Möglichkeit hätten, darauf zurückzugreifen.

Deflation: Das Risiko einer Deflation ist mit unserem Zinssystem verbunden. Auch war jede Wirtschaftskrise in der Geschichte keine Inflation, sondern eine Deflation. Die Preissteigerungsrate lag Mitte 1999 bei nur noch 0,5%. Auch die Einfuhr- und Ausfuhrpreise fallen seit 1997 kontinuierlich. Ebenso geben die Erzeuger- und Großhandelspreise seit 1998 nach.[88] Die rückläufigen Preise sind auch in der Industrie zu bemerken. Beispielsweise sind in der Schiffahrt die Raten für Containerschiffe innerhalb von 2 Jahren um bis zu 50% eingebrochen.[89] Auch die Preise für chemische Grundrohstoffe sind im ersten Quartal 1999 im Vergleich zum Vorjahr stark gefallen. Der Rückgang betrug bei Ethylen 63%, beim Kunststoff Polypropylen fast 70% und bei Benzol 68%.[90] Ein weiterer Hinweis auf eine Deflation stellt der Preisverfall bei Haushaltsgeräten dar. Der Produzent Bosch-Siemens schlug bereits Alarm, daß der Preisverfall die produzierenden Unternehmen gefährden könnte.[91]

Den deutlichsten Hinweis auf deflationäre Tendenzen gibt die Entwicklung des Zinsniveaus: Bei Inflation, wenn die Geldmenge im Vergleich zur Gütermenge wächst und damit die Preise steigen, wird die zu erwartende Inflationsrate vom Geldverleiher auf den Kreditzinssatz aufgeschlagen, um bei der Rückzahlung des Kredites nicht weniger Kaufkraft zurückzuerhalten, als verliehen wurde. Die Zinssätze steigen dadurch. Bei der Deflation ist es umgekehrt: Die Preise fallen, der Preissteigerungsanteil im Zins wird reduziert - die Kreditzinsen fallen. Die Entwicklung des Zinsniveaus bis Mitte 1999 zeigte deutlich einen immer schnelleren Verfall der Zinssätze.

Ein Beispiel aus jüngster Zeit für die Entwicklung einer Deflation ist Japan: Zuerst explodierende Aktienkurse, ausufernde Immobilenspekulation und scheinbar vorbildliche Wirtschaft (bis Ende der 80er Jahre), danach plötzlicher Einbruch am Aktienmarkt, Verfall der Immobilienpreise, dadurch die Entstehung von faulen, ungedeckten Krediten. Heute befindet sich Japan in einer sich beschleunigenden Deflation, die das Land in die Depression drückt.

Börsencrash

Mit der Entwicklung einer Deflation ist auch ein Wegbrechen der Aktienkurse verbunden, weil die Unternehmensergebnisse durch den Preisrückgang sinken.

Durch den Vermögensverlust an der Börse wird die Konsumbereitschaft eingeschränkt und damit der Entwicklung zusätzlicher Schub verliehen. Außerdem sind Kleinaktionäre in einer Deflation gezwungen, ihre Aktien zu jedem Preis zu verkaufen, weil sie auf das Kapital zum Lebensunterhalt angewiesen sind. Doch bleibt der Kursverfall nicht auf Aktien beschränkt, sondern erfaßt im Verlauf der deflationären Spirale alle Wertpapiere. Weil auch die Staaten zunehmend weniger in der Lage sind, den Zinsdienst für die real aufgewertete Verschuldung zu bezahlen, ist letztlich die Zahlungsunfähigkeit vorprogrammiert. Die Staatsanleihen verlieren an Wert, weil die Rückzahlung der Schulden zunächst verzögert, später ganz eingestellt wird. Ein gutes Beispiel ist hier Rußland, welches die Schuldzahlungen im Sommer 1998 verzögerte, so daß die Anleihen dann bis zu 90% an Wert verloren.

Liquiditätsfalle

Wenn die Entwicklung der Kreditzinsen nach unten weitergeht, wird bald die Liquiditätsgrenze des Kapitals erreicht. Das bedeutet, daß mit abnehmenden Zinssätzen Geld immer schwerer verliehen werden kann, weil der Geldbesitzer nicht genug Anreiz findet, sich von seinem Kapital zu trennen. Außerdem nimmt die Sicherheit der Kredite durch Bank- und Unternehmenspleiten ständig ab. Bald wird Geld überhaupt nicht mehr herausgegeben und nur noch gehortet - der Geldkreislauf kommt ins Stocken. Durch den zunehmenden Entzug von Geld fällt das Preisniveau noch weiter und die Deflationsspirale dreht sich zunehmend schneller. Geld als Tauschmittel wird zur Mangelware - der Handel wird auf ein Minimum reduziert, Arbeit kann kaum noch entlohnt werden. Die reichen Geldbesitzer gewinnen mit jedem Tag eine ungeheure Macht und können alle Leistungen für minimale Bezahlung verlangen.

Maßnahmen des Staates

Bisher konnte der Staat eine Deflation verhindern, indem er künstlich für eine erhöhte Kreditnachfrage sorgte. Auch deshalb wurden die Staatsschulden ständig ausgeweitet und oftmals sinnlose, teure Großprojekte finanziert. Außerdem wurde die Steuerpolitik so gestaltet, daß Kreditzinsen von Unternehmen steuerlich berücksichtigt werden.

Das führte dazu, daß schuldenfreie Betriebe oft unwirtschaftlicher waren als verschuldete. Dadurch konnte die Kreditnachfrage und damit der Zins nochmals erheblich gesteigert werden. Das Problem wurde durch diese Maßnahmen nicht gelöst, sondern nur in die Zukunft aufgeschoben. Heute ist das Schuldensystem an eine Grenze gestoßen: Weitere Staatsschulden sind durch restriktive Vorgaben (Eurokriterien) nicht mehr möglich. Auch sind die Staatsschulden inzwischen so groß, daß eine zusätzliche Neuverschuldung nicht mehr finanzierbar ist. Zusätzlich sind durch die Asienkrise und die Rußlandkrise zunehmend Kredite uneinbringbar. Die abzuschreibenden Verluste belasten das Finanzsystem und führen dazu, daß Kredite letztlich gar nicht mehr vergeben werden. Eine Deflation, welche durch sinkende Preise die Unternehmensergebnisse unter Druck setzt, senkt dadurch die Steuereinnahmen des Staates. Die Regierung ist dann zu umfassenden Sparmaßnahmen gezwungen, was die Wirtschaft weiter abwürgt und weitere Sparmaßnahmen nach sich zieht. Aus diesem Teufelskreislauf gibt es kein Entrinnen. In Entwicklungsländern kommt zu diesem Ablauf noch das wachsende Defizit, da die hohe Auslandsverschuldung nicht mehr bedient werden kann. Um die Verschuldung zu finanzieren müssen wiederum hohe Zinsen geboten werden, um Kapital anzulocken. Hohe Zinsen belasten jedoch den Haushalt weiter, wodurch neue Sparmaßnahmen nötig werden.[92]

Ablauf: Der Ablauf einer kommenden Krise wäre also auch aufgrund sinkender Preise, ohne äußeren Auslöser, denkbar. Sinkende Preise bringen die Unternehmen in Zugzwang: diese kürzen die Löhne und entlassen Arbeitskräfte. Durch die einbrechende Kaufkraft sinkt der Unternehmensumsatz weiter. Die deflationäre Abwärtsspirale führt zu einer Bankenkrise und läßt die Börsen crashen. Es käme zu den gleichen verheerenden Folgen wie in Szenario 2. Für Sie ist es entscheidend, sich auf eine Deflation mit Ihrem Vermögen einzustellen. Jedoch kommen als Auslöser einer massiven Krise nicht nur der aufgeblähte Aktienmarkt oder das sinkende Preisniveau in Frage, sondern auch Währungsverwerfungen.

"Tatsächlich hatte sich in Südostasien der private Sektor bei festen Wechselkursen kurzfristig hoch in ausländischen Währungen verschuldet. Mit der Aufwertung des Dollar konnten die Unternehmer in Thailand und Indonesien ihre Schulden nicht mehr bezahlen. Man hatte zu lange am falschen Wechselkurs festgehalten und sich nicht rechtzeitig von der Bindung an den Dollar abgekoppelt. In Rußland hat das Ziel fester Wechselkurse zwischen Rubel und Dollar die Volkswirtschaft ruiniert und die Währungsreserven vernichtet."

Bundesbank Vizepräsident Stark, 2.11.98[93]

Szenario 4: Währungskrisen

Währungskrisen zerstörten in den letzten Jahren die Wirtschaft vieler Länder. Besorgniserregend ist, daß jede Störung im instabilen Finanzsystem Ihr Vermögen in Gefahr bringt. Wegen im Inland sinkender Zinsen sind in der Vergangenheit zunehmend Anlagemöglichkeiten im Ausland genutzt worden. Im ersten Halbjahr 1998 sind die Forderungen gegenüber dem Ausland um 13% oder 403 Mrd. DM gegenüber dem Vorjahreszeitraum gestiegen. 61,5% davon waren Fremdwährungsanleihen, also abhängig vom Wechselkurs.[94]

Wie schnell sich jedoch Währungsverwerfungen entwickeln können, zeigen folgende Zahlen vom Landeszentralbankpräsidenten Prof. Dr. Hesse: Der weltweite Devisenumsatz beläuft sich derzeit pro Börsentag im Durchschnitt auf 2000 Mrd. Dollar. Bezieht man diesen, für die meisten Menschen unvorstellbaren Betrag, auf den wertmäßigen Außenhandel mit Waren und Dienstleistungen, gelangt man auf einen Prozentsatz von nur 2. Der monetäre Sektor habe seine dienende Funktion der realen Wirtschaft gegenüber aufgegeben und eine Eigendynamik entwickelt.[95] Die Notenbanken sind dabei kaum in der Lage, regulierend bei Wechselkursverwerfungen einzugreifen. Die weltweiten Devisenreserven summierten sich 1998 auf gerade 1600 Mrd. Dollar. Die starken Wechselkursschwankungen in der zweiten Hälfte der neunziger Jahre beschäftigen auch vermehrt die Regierungen. So meinte der ehemalige amerikanische Finanzminister Rubin, daß er als früherer Devisenhändler Wechselkursänderungen zwischen Dollar und Yen von 16% allein im Oktober 1998 nie für möglich gehalten hätte.[96]

"Falls und sobald das Wachstum der amerikanischen Binnenwirtschaft sich verlangsamt, wird auch die Bereitschaft abnehmen, ein großes Handelsdefizit zu tolerieren, und das könnte den freien Handel erheblich gefährden."

George Soros, Spekulant

Auch der Direktor des Internationalen Wirtschaftsinstitutes, Fred Bergsten, erklärte, daß die Welt Mitte Juni 1998 unmittelbar vor einer weltweiten Währungskrise gestanden habe, als der Yen gegenüber dem Dollar auf 146 fiel. Ohne Interventionen der Notenbanken hätten alle Stricke reißen können.[97] Von Bedeutung sind hier die durch falsche Wechselkurse aufgebauten Leistungsbilanzungleichgewichte: Hält ein Land seinen Wechselkurs künstlich hoch (beispielsweise durch Interventionen oder Zinserhöhungen), wie etwa die USA, dann bildet sich ein Leistungsbilanzdefizit. Durch einen überhöhten Wechselkurs werden Importe erleichtert und Exporte erschwert. Das Gleichgewicht zwischen Import und Export wird also gestört. Die vermehrten Importe müssen durch Schulden im Ausland bezahlt werden. Im umgekehrten Fall, wenn ein Land künstlich an einem zu niedrigen Wechselkurs festhält, werden die Exporte erleichtert und die Importe erschwert. Es kommt, wie in Japan, zu einem Leistungsbilanzüberschuß. Da Ungleichgewichte in einem realen System nicht auf Dauer bestehen bleiben können, kommt es früher oder später zu einer Korrektur der aufgestauten Spannungen. Einige Beispiele sollen die Bedrohung verdeutlichen:

Dollarabfall: Ein wichtiges Argument für einen drastischen Abfall des Dollarkurses stellt das steigende Leistungsbilanzdefizit der USA gegenüber der übrigen Welt dar. Ende 1999 soll dieses, laut Schätzungen des IWF, auf mehr als 300 Mrd. Dollar ansteigen. Ende 1998 betrug es noch 230 Mrd. Dollar.[98] Die Investmentbank Merill Lynch erwähnte eine Studie, wonach der Dollar um 40-45% abgewertet werden müßte, um die amerikanische Leistungsbilanz bis zum Jahr 2003 ausgleichen zu können.[99] Analysten schätzten Anfang 1999, daß Amerikas Leistungsbilanzdefizit auf über 4% ansteigen könnte. Ein solcher Wert wird für ein Industrieland allgemein als bedrohlich angesehen. Wenn nun das Defizit nicht weiter vom Ausland finanziert wird, müßte es zu einem Dollarsturz kommen, welcher den Renten- und

Aktienmarkt unter Druck bringen würde. Schon eine milde Baisse an der Wall Street würde jedoch die Konjunktur dämpfen und die Wirtschaft in eine Rezession abgleiten lassen. Dies könnte die Baisse noch verstärken und die Wirtschaft in eine lange Rezession abgleiten lassen.[100] Der Dollarabfall würde für die Welt eine ernste Währungskrise auslösen, weil an vier Fünfteln der Währungstransaktionen der Dollar beteiligt ist. Darüber hinaus lauten 45% der internationalen Anleihen auf Dollar.[101] Ein Szenario, welches das Absinken des Dollars weiter verstärken oder auslösen könnte, findet sich in Japan.

Japan: Es besteht die Befürchtung, daß Japan massiv Geld aus den USA abziehen und damit den Dollar unter Druck bringen könnte. Seit Mitte der neunziger Jahre wurden massiv Dollaranlagen aus Japan in den USA aufgebaut. Ein Abzug dieser Gelder würde den Dollar massiv absinken lassen und eine Rezession auslösen.[102] Eine weitere Gefahr kann in der deutlichen Neuverschuldung des japanischen Staates gesehen werden. Um ein großangelegtes Konjunkturprogramm zu finanzieren, gibt Japan in großem Stil neue Anleihen heraus. Dadurch wird der Zinssatz nach oben getrieben. Durch steigende Zinsen wird die japanische Währung interessanter und Geld aus anderen Nationen, vor allem aus Amerika, abgezogen. Ein Dollarabfall wäre die Folge.[103] Japan verfügt über etwa ein Drittel aller Sparguthaben der Welt und weist zudem einen starken Leistungsbilanzüberschuß auf. Wird beispielsweise nun Amerikas Leistungsbilanzdefizit nicht mehr durch japanische Gelder finanziert, so könnte daraus eine Dollarabwertung und eine Yenaufwertung entstehen.[104] Die Folgen wäre fatal: Japans Exporte müßten zusammenbrechen und Amerikas Konjunktur in eine Rezession driften. Ein weiterer Grund für einen Yenanstieg und Dollarabfall wären sogenannte "carry trades". Wegen der niedrigen Verzinsung haben viele Anleger ihr Geld im hochverzinsten Amerika angelegt. Wenn nun die Zinsen in Japan steigen und der Wechselkurs anzieht, sind immer mehr Spekulanten gezwungen, ihre Positionen abzubauen, womit der Wechselkurs weiter unter Druck kommt.[105] Doch nicht nur aus den USA oder Japan drohen Währungskrisen, sondern vor allem die Einführung des Euros bringt Ihr Erspartes in Gefahr.

Europa, Euro: Für Ihr Vermögen stellt die Einführung des Euros die größte Bedrohung dar. Bis zur Ausgabe von Eurobargeld am 1.1.2002 soll der Euro eine Buchgeldverrechnungseinheit sein. Alle Währungen in Europa sind mit einem festen Wechselkurs zu dieser Verrechnungseinheit verbunden. Die Gefahr besteht in der unterschiedlichen wirtschaftlichen Entwicklung der Staaten in der Eurozone. Durch feste Wechselkurse bauen sich Spannungen auf, welche sich in einer Währungskrise entladen. Der damalige Präsident des Deutschen Instituts für Wirtschaftsforschung (DIW) Lutz Hoffmann, warnte schon Mitte 1998 vor Gefahren für die Währungsunion. Durch Wegfall der Wechselkurse müßte das Lohnniveau auftretende Spannungen ausgleichen. Wenn etwa eine Volkswirtschaft ihre Wettbewerbsfähigkeit verloren hätte, weil zuvor Löhne und Lohnnebenkosten der Produktivität stärker vorausgeeilt seien als in anderen Ländern (reale Aufwertung) müssen in diesem Land die Arbeitskosten so lange hinter den Produktivitätszuwächsen zurückbleiben, bis die Wettbewerbsfähigkeit wieder hergestellt sei (reale Abwertung). Wenn nun vor allem Deutschland seine Strategie realer Abwertungen durch Lohnsenkungen fortsetzen würde, müßten die anderen Staaten wegen der Dominanz des deutschen Währungsraumes nachziehen. Sinken aber in ganz Europa die Lohnkosten, wird der Wettbewerb die Unternehmer zwingen, die Kostensenkung in den Preisen weiterzugeben.[106] Dann entstände eine Deflation, welche die Wirtschaft abwürgen würde und im weiteren Verlauf durch Bankenpleiten eine Gefahr für die Geldvermögen nach Szenario 3 darstellen müßte. Besonders in einem krisenhaften Umfeld geraten die festen Wechselkurse des Euros in Gefahr. Schon nach Beginn der Rußlandkrise wurde gegen europäische Währungen wie die Lira, die Peseta und die Finnmark spekuliert. Die Notenbanken mußten mit Hilfe von befreundeten Geschäftsbanken intervenieren.[107] Der Euro wird im massiven Krisenszenario nur begrenzte Zeit von der Europäischen Zentralbank gestützt werden können. Danach müssen, wie 1992 im EWS, die Wechselkurse freigegeben werden. Weil dies sofort das Vertrauen in den Euro wie in die Zentralbank untergraben wird, hat dies fatale Konsequenzen. Die Wechselkurse werden sich panikartig verändern. Wahrscheinlich müssen die schwachen Euroländer abwerten und die starken aufwerten. Eine massive Aufwertung der D-Mark wird jedoch für Deutschland einen

Zusammenbruch der Exportmärkte bedeuten. Für Banken, welche ein starkes Engagement im europäischen Ausland haben, könnten solche Veränderungen den Bankrott bedeuten. Für Sie ist dieses Szenario aber auch noch unter einem anderen Gesichtspunkt bedenkenswert: Anfang 1999 wurden alle Wertpapiere auf den Euro umgestellt. Wenn jedoch das Eurosystem zerfällt, stellt sich die Frage, mit welchen Kursen Ihre Wertpapiere dann neu bewertet werden. Unter Umständen drohen Ihnen dann empfindliche Wertminderungen bei der Rückrechung des Euros in die D-Mark. Schwierig wird die Situation dann, wenn die Europäische Zentralbank versuchen würde, unter einer Währungskrise den Euro als Bargeld plötzlich einzuführen, um die Wechselkurse ganz abzuschaffen. Ein solches Vorgehen müßte in kurzer Zeit durchgeführt werden. Sie hätten dann unter Umständen nur wenig Zeit Ihre liquiden Reserven umzutauschen. Wahrscheinlich würde dann noch eine Höchstgrenze für den Umtausch erlassen, so daß Ihnen empfindliche Verluste drohten. Unter Umständen wäre das Vorgehen so schnell, daß die Geschäftsbanken nicht über genug Eurobargeld verfügten, um den Kundenansturm in kurzer Zeit zu bedienen. Die Gefahr der plötzlichen Einführung des Euros würde für Sie einen empfindlichen Vermögensverlust bedeuten.

Ablauf: Der Ablauf einer Währungskrise war bereits in der Vergangenheit beim Ausbruch der Asien-, Brasilien- und Rußlandkrise erkennbar. Durch feste Wechselkurse kommt der Austauschkurs eines Landes zunehmend unter Druck. Verstärkt wird dieser noch durch Spekulation gegen die Währung. Die Devisenreserven der Notenbank reichen im allgemeinen nur kurze Zeit, um den Wechselkurs zu stützen. Letztlich muß der Austauschkurs freigegeben werden, wobei dieser stärker durch ausbrechende Panik sinkt, als es ökonomisch angemessen wäre. Schnell kommen andere Länder ebenfalls unter Abwertungsdruck, da die abgewertete Nation den Export durch günstigere Weltmarktpreise steigern kann. In anderen Staaten sinkt deshalb die Wettbewerbsfähigkeit, wodurch ebenfalls eine Abwertung erzwungen wird. Die Abwertung läßt jedoch die Zahlungsfähigkeit für Auslandskredite erheblich sinken, da diese nun zu einem ungünstigeren Wechselkurs bedient werden müssen. Deshalb geht eine Währungskrise schnell in eine Schuldenkrise über.

"Alle Welt schaue gebannt auf die Schuldenkrisen in Asien, Südamerika und Osteuropa. Dabei gehe es dort `nur´ um Summen von rund 2000 Milliarden Dollar. Die Industrieländer säßen auf einem Schuldenberg, der mit rund 58000 Milliarden Dollar dreißigmal höher sei. Die Schulden der Industrienationen wüchsen jährlich fünfmal so schnell wie ihr Bruttosozialprodukt. Heute betrage die Gesamtverschuldung der wichtigsten Industrieländer durchschnittlich knapp 200 Prozent zum Bruttosozialprodukt; kurz vor der Depression der dreißiger Jahre seien es lediglich 130 Prozent gewesen. In den Vereinigten Staaten liege diese Kennziffer bei 260 Prozent, trotz eines ausgeglichenen Haushalts, und in Japan bei rund 300 Prozent. ... Jede Rezession bringt diesen Schuldenturm zum Einsturz. Wir sind zum Wachstum verdammt, sonst können wir die andauernd steigende Schuldenlast nicht mehr bezahlen."

Befragt: Eckart Langen von der Glotz, PSM Vermögensberatung GmbH[108]

Szenario 5: Schuldenkrise

Die Schuldenkrise stellt, wie die vorangegangenen Szenarien, eine zwangsläufig auftretende Gefahr für Ihr Vermögen im heutigen System dar. Im Zinssystem ist es rein logisch betrachtet nur eine Frage der Zeit, bis eine Schuldenkrise ausbricht. Die Verschuldung steigt zwangsläufig weltweit exponentiell an, wobei sich die Schere zwischen Geldvermögen und Schulden immer schneller öffnet. Zunehmend fällt es den Nationen schwerer, die Zinslast zu tragen. Dabei sind manche Staaten im Zerfallsprozeß weiter fortgeschritten als andere. Wie groß das Risiko einer plötzlich ausbrechenden Schuldenkrise ist, wird anhand der beispielhaften Verschuldung einiger Länder klar. Dabei wird deutlich, daß es sich bei der Verschuldung nicht um das Problem einiger weniger Nationen handelt, sondern bereits die ganze Welt von einer Schuldenkrise erfaßt ist. Einige ausgewählte Beispiele sollen hier die Bedrohung verdeutlichen. Den wenigsten ist bekannt, daß auch in Deutschland künftig eine explodierende Staatsverschuldung erwartet wird.

Deutschland: Wie massiv sich die Staatsverschuldung in Deutschland entwickeln könnte, zeigte eine Studie von Goldman Sachs, welche das Zentralbankmitglied Jochimsen 1998 vorstellte:

Aufgrund der demographischen Probleme könnte sich die Staatsverschuldung bis zum Jahr 2030 auf über 200% des Bruttosozialproduktes und die Neuverschuldung auf rund 16% erhöhen.[109] Zur Zeit kann die Neuverschuldung noch einigermaßen eingedämmt werden, jedoch wird es massive Probleme geben, wenn der Zinssatz wieder ansteigt. Eine Erhöhung des Zinssatzes um nur einen Prozentpunkt, würde für den Bund zusätzliche Zinslasten von 15 Mrd. DM pro Jahr bedeuten. Die gesamte Bundesschuld muß innerhalb fünf bis sechs Jahren komplett umfinanziert werden.[110] Wenig bekannt ist, daß auch Länder mit zur Zeit stabilen Staatsschulden dafür beispielsweise in anderen Wirtschaftssektoren Verpflichtungen aufbauen, wie die USA.

USA: Trügerisch ist es, auf die offiziellen Meldungen zu vertrauen, welche keine Neuverschuldung des amerikanischen Staates ausweisen. Da die Gesamtvermögen immer gleich den Gesamtschulden sind, müssen bei einem Rückgang der Staatsverschuldung die Verpflichtungen der privaten Haushalte und der Unternehmen ansteigen. Dabei ist die Gefahr einer Schuldenkrise keinesfalls geringer als bei exzessiver Neuverschuldung der Regierung. Die Sparquote in den USA ist deshalb seit Jahren rückläufig und hat 1999 bereits negative Werte erreicht. Das bedeutet, daß effektiv Ersparnisse abgebaut und Schulden aufgebaut werden.[111] Experten weisen darauf hin, daß es einen solchen Rückgang letztmals während der großen Depression vor 65 Jahren gegeben hat.[112] Auch die zweitgrößte Industriemacht Japan ist extrem überschuldet.

Japan: Anfang 1999 gab Japan bekannt, die Schwierigkeiten im Land mit einer massiven Neuverschuldung bekämpfen zu wollen. 38% der Ausgaben sollten mit neuen Staatsanleihen finanziert werden.[113] Trotzdem blieben schon im ersten Halbjahr 1999 die Steuereinnahmen weit hinter den Erwartungen zurück. Im abgelaufenen Fiskaljahr waren unter 50 Billionen Yen an Steuereinnahmen zu verzeichnen. Das waren 11,5 Mrd. DM weniger als in vorsichtigen Schätzungen erwartet. Besorgniserregend war der Umstand, daß fast zwei Drittel der 2,5 Mio. Kleinbetriebe Verluste bilanzierten und gar keine Abgaben mehr entrichteten.[114] Die Rating Agentur Moodys warnte bereits vor einer explodierenden Verschuldung in Japan.

Die Schuld des öffentlichen Sektors betrug im März 99 110% des Bruttosozialproduktes. Es wird erwartet, daß dieser Faktor in kurzer Zeit auf 140% anwachsen wird. Nie zuvor sei in einem industrialisierten Land oder einem Emerging Market solch eine hohe Verschuldung verzeichnet worden.[115] Auch ist effektiv keine Besserung der konjunkturellen Lage in Japan erkennbar. Die Investitionen japanischer Unternehmen wurden im zweiten Quartal 99 weiter um 13,4% gegenüber dem Vorjahr gesenkt. Bei den japanischen Werkzeugherstellern gingen die Aufträge beispielsweise im Juli sogar um 28,7% gegenüber dem Vorjahr zurück, womit die Auftragseingänge kontinuierlich seit 17 Monaten sanken.[116] Trotz der stark angespannten Situation investieren immer mehr Anleger in Japan. In der Hoffnung auf eine Besserung der japanischen Wirtschaftslage, wurde Anfang 99 vom Ausland notleidende japanische Kredite aufgekauft. Die Hoffnung bestand darauf, den Kredit beispielsweise für 20% des Nominalwertes zu kaufen, jedoch nach Ablauf der Kreditfrist 100% einstreichen zu können.[117] Neben den Industriestaaten befinden sich vor allem die Entwicklungsländer in einer massiven Schuldenklemme.

Asien, Südkorea: Jahrelang wurden Geldanlagen in Asien empfohlen, bis nach der Asienkrise bekannt wurde, daß der Fortschritt dieser Staaten nur mit Schulden finanziert war. Für Asien wird, aufgrund der Währungskrise seit 1997, mit einem weiteren steilen Anstieg der Staatsverschuldung gerechnet. Als einzige Möglichkeit, die Bankenprobleme zu lösen, wird eine Übernahme der faulen Kredite durch den Staat betrachtet. Die Deutsche Bank Research vermutet, daß sich deshalb die Verschuldung der betroffenen Länder drastisch erhöhen wird. Der Anteil der Staatsverschuldung am Bruttosozialprodukt könnte sich von 30%, Ende 1997, auf durchschnittlich 80% steigern. Die Werte von Südkorea und Indonesien könnten die höchsten unter allen aufstrebenden Staaten werden. Der Aspekt, von steil ansteigender Staatsverschuldung und entsprechender belastender Wirkung für die Konjunktur, sei bei den meisten optimistischen Prognosen nicht berücksichtigt.[118] Südkorea soll laut OECD Angaben das einzige Land ohne Staatsschuld sein. Doch war die Krise trotzdem nicht abwendbar, weil dafür die Unternehmen wenig profitabel und hochverschuldet gewesen seien.[119]

China: Wichtiger für die weltweite Entwicklung als die Ostasiatischen Nationen ist der große chinesische Wirtschaftsraum. China gilt heute als der große Hoffnungsträger, welcher unsere Produkte aufkaufen und damit unsere Wirtschaft beleben werde. Kaum bekannt ist, daß dieses Land zu den überschuldetsten Regionen der Welt gehört, in welchem durch administrative Maßnahmen nur der Bankrott vertuscht wird. Die chinesische Regierung will sich mit einer massiven Verschuldung den Weg aus der Krise bahnen. Der Haushalt sieht 1999 eine Steigerung der Neuverschuldung von 56% vor.[120] Schon 1998 lebte die Nation zu hundert Prozent von Kredit. Eine Analyse des Staatshaushaltes ergab, daß die meisten optimistischen Zahlen gefälscht waren. Die Ausgaben der Zentralregierung betrugen 1997 252 Mrd. Dollar. Die Gesamtschuldenaufnahme betrug jedoch 248 Mrd. Dollar, wovon 192 Mrd. Dollar nur für den Schuldendienst benötigt wurden und 56 Mrd. als Neuverschuldung zur Begleichung des Hauhaltsdefizits. Das bedeutet, daß die Regierung in China zu hundert Prozent vom Kredit lebt. Selbst wenn alle Ausgaben gestrichen würden, müßten weitere Kredite aufgenommen werden, nur um die Zinsen für die alte Verschuldung zu zahlen. Die Schuldenlast ist schon längst der Hauptgrund der Krise. Ständig wächst die Verschuldung der Staatsunternehmen bei den Banken. Der Anteil von faulen Krediten liegt bei etwa 40%[121] Daß das ausgewiesene Wachstum von fast 8% nicht der Realität entsprechen kann, wird auch am sinkenden Energieverbrauch deutlich. In Wirklichkeit scheint China schon seit längerer Zeit in einer Rezession zu stecken.[122] Geldanlagen in dem asiatischen Land werden deshalb immer unsicherer.

China hat sich beispielsweise Anfang 1999 geweigert, den bankrotten Finanzkonzern Gitic zu stützen. Niemand hatte zuvor mit solch einem Schritt der chinesischen Regierung gerechnet. Erstmals wurden ausländische Gläubiger mit Verlusten an chinesischen Beteiligungen belastet. Bewußt wurde, daß es über die Verbindlichkeiten Chinas keine verläßlichen Zahlen gibt. Auch ist nicht bekannt, wie hoch ausländische Gläubiger überhaupt engagiert sind. Deutlich wurde, daß sich niemand darauf verlassen kann, daß der Staat die Finanzindustrie stützen werde.[123]

"Wir waren ganz dicht an einer Kernschmelze des internationalen Finanzsystems, des gesamten Bankensystems. Es war wirklich furchterregend. Die Russen wurden zahlungsunfähig und der Hedge Fonds Long-Term Capital Management ging fast unter. Wenn die New Yorker Zentralbank nicht eingegriffen hätte, wären Kreditrisiken entstanden, auf die niemand vorbereitet war."

George Soros, Spekulant zur drohenden Wirtschaftskrise 1998[124]

Ablauf: Die Entwicklung ist so denkbar, daß ein hochverschuldetes Land die Kredite nicht mehr bedienen kann und deshalb die Zahlungsunfähigkeit erklärt. Schnell verlieren die weltweiten Gläubiger das Vertrauen in Staatsschulden auch anderer Länder. Die große Gefahr einer Schuldenkrise besteht darin, daß es zu einem sogenannten "credit crunch" kommen kann. Diese Bedrohung bestand nach der Ankündigung Rußlands im Herbst 1998, seine Anleihen nicht mehr zuverlässig bedienen zu können. Ein credit crunch (Kreditklemme) bedeutet, daß Gläubiger sich weigern, überhaupt Kredite, auch an solvente Schuldner, zu vergeben, aus Angst vor dem Totalverlust der Forderung. Damals machte sich die beginnende Entwicklung in einer Ausweitung der Zinsdifferenzen zwischen Schuldnern erstklassiger Bonität und solchen aus der zweiten und dritten Reihe bemerkbar. Die BHF Bank erklärte damals sogar, daß diese Kreditklemme zum Auslöser einer globalen Krise werden könnte. Für Schuldner mit geringerer Bonität bestand damals selbst zu Höchstzinsen kaum eine Möglichkeit, einen Kredit zu bekommen. Das Emissionsvolumen sogar erstklassiger Anleihen sank von 714 Millionen Dollar auf 120 Millionen pro Tag.[125] Die Gefahr einer Kreditklemme besteht darin, daß der Geldkreislauf komplett zum Stocken kommt und sich eine Deflation, wie in Szenario 3 diskutiert, entwickelt.

Schlußfolgerung: Deutlich wird, daß kein Land von einer Schuldenkrise sicher ist. Kein Staat der Welt ist mehr in der Lage, die eingegangenen Kredite je wieder zurückzuzahlen. Dabei sind jedoch manche Staaten weiter im Schuldensystem verstrickt als andere. Sie sollten deshalb unbedingt Geldanlagen in unsicheren Staaten vermeiden.

"Japan ist praktisch bankrott. Das Land hat ein riesiges Staatsdefizit. Die öffentliche Verschuldung, inklusive Rentenverpflichtungen beträgt zweihundertfünfzig Prozent des Bruttosozialprodukts. Wenn Sie die bankrotten Banken und Rentenfonds hinzuzählen, erreicht sie dreihundert Prozent. Daneben sieht Italien wie eine Insel der Solidität und Stabilität aus."

Prof. Rudi Dornbusch, Ökonom[126]

Diskussion verschiedener Szenarien

Wie wir gesehen haben, bestehen für unser Wirtschaftssystem mehrere unterschiedliche Bedrohungen. Dabei werden die einzelnen Szenarien sicher nicht streng abgegrenzt, für sich alleine ablaufen, sondern es wird zu einer Kombination und damit Steigerung der Bedrohungen kommen. Beispielsweise besteht einmal die Gefahr eines Aktiencrashes, welcher eine Deflationsspirale in Gang setzen könnte, woraus sich wieder neue Währungsverwerfungen entwickeln könnten, wodurch sich eine Schuldenkrise entwickelt, da viele Staaten durch den Währungsverfall ihre Schulden nicht mehr bedienen können. Jedoch ist auch die Möglichkeit einer Währungskrise denkbar, welche einen Aktiencrash auslösen, damit eine Deflationsspirale starten und zunehmend Schuldner dem Bankrott ausliefern könnte. Auch die Entwicklung einer Deflation und damit Aufwertung der Verpflichtungen, welche eine Schuldenkrise auslösen, ist denkbar. Es gibt damit verschiedenste Kombinationsmöglichkeiten zwischen den einzelnen Szenarien. Wichtig ist es jedoch zu erkennen, daß in jedem Fall das persönliche Vermögen bedroht ist, sobald die Krise eine bestimmte Größe überschreitet.

Auffällig ist, daß alle Szenarien, ausgenommen die Hyperinflation, in einer Deflation enden. Dies hängt, wie wir gesehen haben, mit der Konstruktion unseres Geldsystems zusammen. Da Geld nicht wie die Ware oder die Arbeit einem Angebotszwang unterliegt, zieht es sich sofort aus dem Markt zurück, sobald die wirtschaftliche Entwicklung Unsicherheiten aufweist. Eine Finanzkrise entwickelt sich dabei im allgemeinen so schnell, daß keine Zeit bleibt, sich langfristig in der Krise darauf einzustellen. Deshalb sollten Sie sich vor dem Beginn eines Krisenszenarios Gedanken über die Sicherheit Ihres Vermögens machen.

"Ratlosigkeit und Unzufriedenheit sind die ersten Vorbedingungen des Fortschritts."

Thomas A. Edison

Auswirkung auf verschiedene Anlageformen

Nach der grundlegenden Kenntnis des Finanzsystems und der Aufstellung mehrerer Szenarien für die künftige Entwicklung ist es für Ihre Vermögensplanung entscheidend, welche Auswirkungen auf die wichtigsten Geldanlagen zu erwarten sind. Zuerst stellt sich die Frage nach der Verteilung des gesamten Geldvermögens in Deutschland auf unterschiedliche Anlageformen und deren Veränderung im Lauf der Zeit.

Verteilung des Geldvermögens

In einer Studie über die Vermögenssituation seit Beginn der neunziger Jahre beschrieb die Deutsche Bundesbank, daß der private Vermögensaufbau zunehmenden Belastungen ausgesetzt sei. Die Haushalte gingen in der Regel davon aus, daß steigende Verluste durch Steuern und Abgaben nur vorübergehend wären. Dementsprechend wird der hohe Konsum nicht geändert. Durch eine Abnahme der Arbeitseinkommen (zunehmende Arbeitslosigkeit) und rückläufige Zinseinnahmen kleiner Ersparnisse wird die Vermögensbildung der mittleren und unteren Haushalte zunehmend schwieriger. Insgesamt wurde eine Reduzierung des Geldvermögensaufbaus, zugunsten einer Hinwendung zu Immobilien festgestellt. Seit den sechziger Jahren war beim Geldvermögen ein Rückgang der Spareinlagen und eine Zunahme der Geldanlagen bei Versicherungen zu verzeichnen (Abb. 16).

Seit 1993 war außerdem ein deutlicher Zuwachs von Anlagegeldern in Aktien- oder Investmentfonds zu verzeichnen. Trotz Finanzkrisen floß immer mehr Geld direkt oder indirekt in die Aktie.

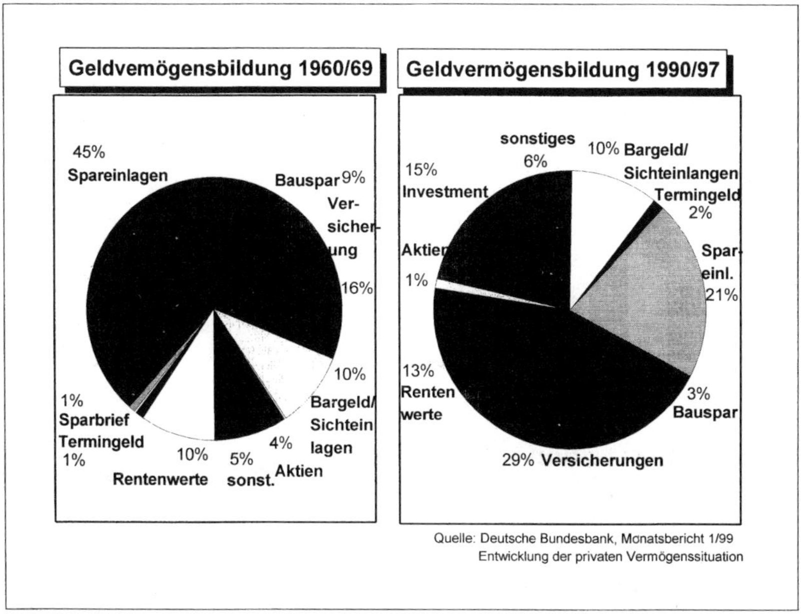

Abb. 16: Geldvermögensverteilung 1960/1969 und 1990/1997 in %

Etwa ein Zehntel der Geldvermögensbildung wurden seit 1991 in Aktien angelegt. Obwohl das Zinsniveau auf durchschnittlich 4,5% sank, war die Realverzinsung, durch den Rückgang der Inflation, mit 2,75% erheblich besser als in der Zinshochphase von 1991. Das private Gesamtvermögen betrug in Deutschland 1997 gut 14 Bio. DM, wovon 62% auf Immobilien und knapp 40% auf Geldvermögen entfielen. Zusammengenommen entsprachen die Bruttovermögen etwa dem sechsfachen des Jahreseinkommens.[127] Berücksichtigt werden muß, wie im Kapitel über Vermögensverteilung diskutiert, daß sich das Vermögen sehr ungleich auf die Bevölkerung verteilt. Der Anteil der meisten Menschen am Vermögen wird immer kleiner, während der einer Minderheit wächst. Beispielsweise hat sich das Finanzvolumen der weltweit nahezu 6 Mio. vermögenden Privatanleger (über 1 Mio. Dollar) im Jahr 1998 um 12% auf 21,6 Bio. Dollar vergrößert. In den nächsten 5 Jahren wird ein jährliches Wachstum dieses Vermögens von 9% erwartet.[128] Damit verbunden ist ein entsprechender Verlust bei anderen Gesellschaftsschichten.

Der größte Anteil von Kapitaleinkünften stammte 1997 aus festverzinslichen Wertpapieren (75,7 Mrd. DM), Versicherungen (64,2 Mrd. DM) und Spareinlagen (37,6 Mrd. DM). Insgesamt vollzog sich in der Anlagestruktur des Geldvermögens eine Verschiebung von Geldvermögen mit schneller Zugriffsmöglichkeit, wie beispielsweise Sparanlagen zu langfristig festgelegtem Vermögen wie etwa Versicherungen. Gleichzeitig erhöhte sich der spekulative Bereich stark zugunsten von Investmentfonds. Für das Krisenszenario ist damit mehr Geld spekulativ als auch langfristig gebunden als früher. Im Krisenfall könnte sich dieser Anteil, wie wir noch sehen werden, als kritisch erweisen. Nach Betrachtung der allgemeinen Entwicklung sollten Sie sich über Ihre Ausgangssituation im klaren werden.

Ausgangssituation persönliche Vermögensbildung

Für die Entwicklung einer Krisenstrategie ist für Sie Ihre Ausgangssituation wichtig. Wollen Sie neues Vermögen bilden oder haben Sie schon Vermögen, welches abgesichert werden soll? Wenn Sie erst Vermögen aufbauen wollen, empfiehlt sich für Sie von vornherein die Auswahl krisensicherer Anlageformen. Bei vorhandenem Vermögen stehen Sie vor der Frage, dieses entweder in sicherere Formen umzuschichten, oder in der bisherigen Struktur zu belassen und zusätzlich abzusichern. Hier spielen oftmals auch persönliche Gründe eine entscheidende Rolle. Jemand, der beispielsweise eine fremdvermietete Immobilie geerbt hat, wird diese nicht unbedingt in Erwartung einer Krise verkaufen und in andere Geldanlageformen umwandeln. Letztlich ist es auch wichtig für Sie, sich in mehreren Anlagesektoren zu engagieren und damit das Risiko zu streuen. Trotzdem sollte jede Vermögensanlage für sich in gewissem Maße abgesichert sein. Um durch eine Krise in den besprochenen Szenarien zu kommen, ist immer ein Mindestbestand an liquiden Mitteln, also Geldanlageformen mit schnellem Zugriff nötig. Mit diesen Geldanlagen sollten Sie mehrere Jahre, bei sparsamem Lebensstandard ohne Einkommen, überbrücken können. Was über diesen liquiden Mindestbestand hinausgeht, kann in anderen abgesicherten Anlageformen investiert werden. Vor der genaueren Analyse verschiedener Anlageformen im Krisenszenario sollten Sie Ihre gewählte Anlagebank genauer betrachten.

Banken für die Vermögensanlage

Für die Geldanlage spielt die Bank als Mittler eine entscheidende Rolle. Es stellt sich die Frage, welche Banken für Ihre sichere Vermögensanlage zu empfehlen sind. Generell sollte die gewählte Bank über eine weitreichende Absicherung für Zweigstellen, bei auftretenden finanziellen Schwierigkeiten verfügen. Auch sollten die gewählten Anlageformen hinsichtlich einer Pleite der Anlagebank abgesichert sein. Weiterhin sollte die Bank möglichst wenig spekulativ auf dem Kapitalmarkt engagiert sein. Schon in der Asienkrise kamen mehrere Großbanken in Deutschland ins Gerede, weil bekannt wurde, daß große Summen in kritischen asiatischen Staaten investiert wurden. Im Krisenszenario bestünde die Gefahr, daß die Vermögen nicht mehr ausgezahlt werden können, da die Verluste der Bank auf dem Kapitalmarkt enorme Ausmaße angenommen haben. Der sicherheitsbewußte Anleger verteilt sein Vermögen auf mehrere unterschiedliche Banken. Wie sieht nun die Entwicklung und Beurteilung einzelner Anlageformen aus?

Bargeld/Geldforderungen

Am Anfang der Anlageformen steht das Bargeld. Bargeld ist gewissermaßen die Grundform der Geldanlagen, auf welche alle anderen aufbauen. Damit ist Bares von vornherein die liquideste Anlageform mit dem schnellsten Zugriff. Hier lohnt es sich, sich darüber klar zu werden, was der entscheidende Unterschied zwischem Bargeld und damit aufgebauten Geldforderungen darstellt.

In der Vergangenheit wurde der Anleger, welcher sein Erspartes in Bargeld anlegte, allgemein als dumm eingeschätzt. Alte Menschen, welche ihre Rücklagen aufgrund schlechter Erfahrungen in der letzten Krise Zuhause aufbewahrten, wurden als rückständig bezeichnet. Über viele Jahre wurde den Sparern beigebracht, weniger auf Liquidität bzw. schnelle Zugriffsmöglichkeit zu achten, sondern eine maximale Rendite zu erwirtschaften. Im Krisenszenario spielt jedoch für Sie die Rendite keine Rolle mehr, wenn der Totalverlust droht. Wichtig für Sie ist dann die Liquidität oder die schnelle Zugriffsmöglichkeit auf Ihr Vermögen.

Bargeld ist hier die Anlage mit der höchsten Liquidität und kann sofort strategisch günstig eingesetzt werden. Den wenigsten Menschen ist aber der Unterschied zwischen Geld und Geldforderungen bekannt. Geld sind die Scheine und Münzen, gegen die im Laden Waren gekauft werden können. Geldforderungen sind auf dem Papier oder im Computer verbuchte Guthaben und werden deshalb auch Buchgeld genannt. Unter Geldforderungen fallen demnach alle Anlageformen wie Anleihen, Schuldverschreibungen, Sparbuch, Kreditkarten und auch das Girokonto. Geld ist ein Dokument, welches die Kaufkraft verbrieft. Geldforderungen sind Versprechen des Geldinhabers, dieses wieder zurückzuzahlen. Wird dieses Versprechen gebrochen, so verliert die Geldforderung ihren Wert. Eine Anleihe eines bankrotten Staates beispielsweise ist wertlos. Die für die Wirtschaft entscheidende Größe sind nicht die Zahlungsversprechen, sondern die verbrieften Rechte. Wichtig ist, daß Geldforderungen zwar den Zahlungsverkehr erleichtern, beispielsweise indem Beträge überwiesen werden können, statt umständlich transportiert zu werden, jedoch keinen Einfluß auf den Preisstand und damit auf die wirtschaftliche Entwicklung haben. In einer empirischen Untersuchung der Gesamthochschule Siegen wurde erkannt, daß nur das umlaufende Bargeldvolumen einen Einfluß auf die Preisentwicklung hat, sich jedoch keine Korrelation zum Sichtguthaben finden ließ.[129]

Bedenken sollten Sie, daß im Krisenszenario alle Ihre Geldforderungen mehr oder weniger kritisch werden, weil nicht klar ist, welche Verbindlichkeiten noch zurückgezahlt werden können und welche nicht. Einzig Ihr Bargeld genießt dann noch Vertrauen. Das bedeutet, daß es in der Krise für Sie wichtig ist, Ihre Geldforderungen schnell in Geld umzuwandeln, was jedoch nur bei liquiden Anlagen möglich ist. Wenn eine Krise einmal voll ausgebrochen ist und von jedermann erkannt wurde, besteht für Sie meist keine Möglichkeit mehr, Ihre Geldforderungen umzuwandeln. Es spielt hier übrigens keine Rolle, ob man von einer kommenden Deflation oder einer Inflation ausgeht. In der Deflation kommt es zu Bankpleiten, welche Ihr Erspartes bedrohen, in der Inflation kann Ihr langfristig angelegtes Geld nicht schnell genug in Sachwerte umgesetzt werden und verfällt damit. Deutlich wurde der Liquiditätsaspekt wieder bei der russischen Finanzkrise im Sommer 1998:

Innerhalb kurzer Zeit wurden die Bankkonten der Anleger in Rußland gesperrt, um die Bankenliquidität nicht zu gefährden. Obwohl die Kunden einen Anspruch auf die Auszahlung von Dollar oder D-Mark hatten, war diese nicht möglich. In der Folge wurden die Bankautomaten gestürmt. Die Bargeldmenge, welche mittels Karte entnommen wurde, stieg auf das 150fache des üblichen Volumens. Bereits nach kurzer Zeit wurden jedoch auch die Automaten für die Geldausgabe gesperrt.[130] Im weiteren Verlauf verschwand jedes Bargeld, auch der Rubel, vom Markt.[131]

Welche herausragende Bedeutung Bargeld hat, haben Sie vielleicht schon erlebt, wenn Ihr Bankautomat, oder Ihre Geldauszahlung am Schalter gesperrt waren, weil der Computer keine Verbindung zum Zentralrechner hatte. Was wäre, wenn die Bankcomputer bei uns durch das Jahr 2000 Problem, oder durch absichtlich eingeschleuste Computerviren nicht mehr arbeiten würden? Dann könnten Sie weder Überweisungen vornehmen, noch über Ihr Vermögen verfügen. Dann würde jedem der Unterschied zwischem echtem Geld und daraus entstandenen Geldforderungen ins Auge springen. Die Losung lautete wieder: "Nur Bares ist Wahres".

Ein Risiko bei der Bargeldanlage besteht für Sie im geplanten Umtausch in den Euro. Vom Bundesaufsichtsamt für das Kreditwesen wurde im Oktober 98 erklärt, daß jeder, der mehr als 5000 DM umtauschen wolle registriert und zur Identifizierung gezwungen werde.[132] Die Meldung wurde später von LZB-Chef Zeitler dementiert, weil er eine Beunruhigung der Bevölkerung unterbinden wollte. Angeblich gelte die Vorschrift nur für den Tausch fremder Währungen, unter die der Euro nicht falle.[133] Trotzdem bleibt hier für Sie ein zu beachtender Unsicherheitsfaktor. Es wäre auch denkbar, daß der Umtausch der D-Mark in den Euro unter einer Finanzkrise vorgezogen wird und Sie keine Möglichkeit mehr haben, langfristig zu planen. Solch ein Vorgehen war in Rußland nach der Inflationsphase 1993 zu beobachten. Damals wurde ein Währungsumtausch so schnell inszeniert, daß die Geschäftsbanken gar nicht genug neue Barmittel besaßen, um den Umtausch voll ablaufen zu lassen. Viele Besitzer von Bargeld verloren große Teile ihres Vermögens. So liquide und nützlich Bargeld in deflationären Krisen ist, sollten Sie sich darüber im klaren Sein, daß auch Geld letztlich nur bedrucktes Papier darstellt.

Deshalb darf in einer Krisenanlage das Vermögen nicht auf eine Karte gesetzt werden. Wenn Sie auf eine teilweise Bargeldanlage setzen, dann sollten Sie darauf achten, daß die Beträge in kleinen Scheinen gehalten werden. In einer deflationären Krise werden überwiegend geringe Beträge gewechselt. Große Scheine werden nicht mehr akzeptiert oder erregen Mißtrauen. Die Lagerung des Geldes muß selbstverständlich sicher, zum Beispiel im versicherten Schließfach Ihrer Anlagebank, erfolgen. So nützlich Bargeld ist, sollte Verschuldung in der Krise vermieden werden.

Verschuldung

Durch eine aggressive Werbung von Kreditinstituten wurden die Privathaushalte zunehmend zur Verschuldung animiert. Oftmals besteht hier völlige Ahnungslosigkeit über die Folgen im Krisenfall.

Die Verschuldung der privaten Haushalte hat sich in den letzten Jahren enorm gesteigert. Rund ein Drittel der deutschen Haushalte hat Verbraucherkredite aufgenommen. Die durchschnittliche Verschuldung liegt bei 32000 DM. Von 1987 bis 1997 haben sich die Konsumentenkredite verdoppelt. In der gleichen Zeit sind die Löhne und Gehälter nur um 67% gestiegen. Die Zahl der überschuldeten Haushalte lag Ende 1997 bei 2,6 Millionen, 30% über dem Stand von 1994.[134] Die Schulden für den Privatkonsum haben sich im Jahr 1998 von 10,8 auf 24,1 Mrd. DM mehr als verdoppelt. Auch für 1999 wird eine weitere Steigerung der Kredite erwartet.[135] Besonders unter Jugendlichen ist die Bereitschaft zur Verschuldung in den letzten Jahren stark angewachsen. Eine Umfrage unter 1000 Schülern hat ergeben, daß sich zwischen 55 und 65% der Schüler eher verschulden würden, als auf etwas zu verzichten.[136]

Die wenigsten sind sich darüber im klaren, wie lange eine eingegangene Kreditverpflichtung den Schuldner bindet und wieviel mehr er letztlich mit Zins und Zinseszins zurückzahlen muß, als er geliehen hatte. Angenommen, Sie hätten für eine Immobilie einen Hypothekenkredit von 300000 DM zu 6% im Jahr genommen. Dann müßten Sie dreißig Jahre lang, jedes Jahr (bei einer Tilgung von 1,265%) 21795 DM zurückzahlen. Allein an Zins würden Sie komplett 353840 DM in den dreißig Jahren zahlen.

Das bedeutet, für diesen Kredit müßten Sie mehr als den doppelten, ausgeliehenen Betrag zurückzahlen. Im Fall einer Krise, unter den besprochenen Szenarien, würde Ihre Verschuldung einen großen Verlust von Freiheit bedeuten. Sie sind dann auf das Wohlwollen des Gläubigers angewiesen und können keinen eigenen Krisenplan entwerfen. In einer deflationären Phase sinkt Ihr persönliches Einkommen schnell, Ihr Kredit muß jedoch weiter in gleichbleibender Höhe bedient werden. Innerhalb kurzer Zeit können Sie dann möglicherweise den Kredit nicht mehr vorschriftsmäßig bedienen, es kommt zur Zwangsvollstreckung. Doch auch wenn Sie Ihre Verpflichtung weiter erfüllen, besteht Gefahr durch die Schuldverpflichtung. Das meist unterschätzte Risiko der Verschuldung liegt hier für Sie darin, daß die als Sicherheit für die Banken eingetragenen Vermögenswerte in der Deflation rasch an Wert verlieren. Die Bank für internationalen Zahlungsausgleich wies bereits darauf hin, daß sich ein anhaltend sinkendes Preisniveau als gravierendes Problem für die Banken erweisen könnte, wenn die Kreditsicherheiten an Wert verlieren. Die Banken wären dann gezwungen, ihre Kreditpolitik zu verschärfen.[137] Die Kreditinstitute werden, um ihre Zahlungsfähigkeit und die Entstehung "fauler", also ungedeckter Kredite zu verhindern, schnell von der Zwangsversteigerung Gebrauch machen. Da viele Pfandobjekte in der Krise verkauft werden, sinken die Preise drastisch. Bei einer Zwangsversteigerung wird deshalb Ihre Kreditsicherheit weit unter dem heutigen Preis verkauft. Sie haben dann beispielsweise Ihr Haus verloren, bleiben jedoch, da der Verkaufspreis nicht den Kredit abdecken konnte, weiter mit Schulden beladen zurück. Unter Umständen ist im Fall einer schweren Depression auch mit einer Verschärfung der Gesetzeslage zu rechnen, um Banken vor dem Zusammenbruch zu bewahren. Dies würde bedeuten, daß von der Zwangsvollstreckung schneller, als heute üblich Gebrauch gemacht würde. Jedoch wirkt sich nicht nur die Deflation auf Sie als den Schuldner ungünstig aus, sondern auch die Inflation führt schnell zu untragbaren Bedingungen. Die meisten Menschen verfallen der Annahme, daß eine Inflation ihre Schulden entwerten würde. Jedoch gilt dies allenfalls im seltenen Fall einer Hyperinflation. Bei einer normalen Inflation erhöht sich durch den preistreibenden Effekt der Kreditzins, weil der Geldverleiher die zu erwartende

Preissteigerungsrate auf den Zins aufschlägt, um nach Rückzahlung der Schuld nicht weniger Kaufkraft als ausgeliehen zurück zu bekommen. Angenommen, Sie hätten sich mit 100000 DM bei 5% Jahreszins und 0% Inflation verschuldet, dann bedeutet dies eine Zinslast von 5000 DM im Jahr. Steigt nun die Inflation plötzlich um 5 Prozentpunkte an, so steigt der Kreditzins auf 10% (5% Zins + 5% Inflation). Ihre Zinslast verdoppelt sich damit auf 10000 DM im Jahr. Wenn Sie nun noch einen Inflationsausgleich beim Lohn von 5% bekommen, so bedeutet dies bei einem Durchschnittslohn von 40000 DM netto im Jahr einen Inflationsausgleich von nur 2000 DM. Durch die Erhöhung der Preissteigerung müssen Sie also effektiv 3000 DM mehr Zinslast tragen als ohne Inflation. Dies bedeutet, daß eine steigende Inflationsrate für Sie genauso schnell den Ruin bedeuten kann wie eine Deflation. Verschuldung lohnt sich also, egal von welchem Szenario man ausgeht, für Sie kaum. Das Risiko durch die Schulden ist allerdings beträchtlich. Die rechtliche Lage sieht für Sie als Schuldner auch schlecht aus: Werden die Verpflichtungen schon heute nicht mehr pünktlich bedient, können die Gläubiger 30 Jahre aus Ihrem künftigen Einkommen vollstrecken. Mit der Aufnahme in das Schuldnerverzeichnis verlieren Sie außerdem die Kreditwürdigkeit und den Schutz vor unzulässiger Weitergabe persönlicher Daten.[138]

Wenn Sie eine sichere Vermögensplanung betreiben möchten, und finanziell in Zukunft abgesichert sein wollen, sollten Sie eine Verschuldung unbedingt meiden. Wenn Sie schon den Kreditweg gewählt haben, sollten Sie die Verpflichtungen schnellstmöglich ausgleichen und auf lange Zinsfestschreibung achten, da im Krisenfall die Zinsen, durch den Risikoaufschlag, schnell ansteigen. Vermieden werden sollte auch die Kombination von hohen Geldvermögen auf der einen Seite, und Verschuldung auf der anderen, um Steuern zu sparen. Es könnte sonst zum für Sie ungünstigen Fall kommen, daß Sie Ihr Geldvermögen verlieren und für die Schulden weiter haften müssen. Wer solch eine Strategie beschreitet, sollte wenigstens drauf achten, daß Vermögen und Schulden bei der gleichen Bank verbucht sind, um im Krisenfall gegeneinander verrechnet zu werden. Die wichtigste Priorität bei der Vermögensplanung sollte unbedingt die schnellstmöglich Begleichung von Krediten sein. Generell gilt jedoch: Lieber auf etwas verzichten, als seine Freiheit durch Verschuldung zu verlieren.

"Um das Muster einer Baisse deutlich zu machen, gibt es ein anschauliches Bild. Man stelle sich vor, ein Ball `dopse´ eine Treppe hinunter. Mit jeder Stufe die er zurücklegt, nimmt die Auftriebskraft zu, bis diese wieder erschöpft ist und den Ball auf die nächstniedrigere Stufe aufprallen läßt. Die Gegenbewegungen fallen von Stufe zu Stufe kräftiger aus, doch dies ändert nichts an der Tatsache, daß die Tendenz unabänderlich nach unten weist und der Ball schließlich zur Ruhe kommt. Das bedeutet dann - auf einen Markt übertragen - die Bildung eines Bodens."

Frankfurter Allgemeine Zeitung, 30.10.1998

Aktien

Aktien werden Ihnen heute von den meisten Beratern als erstklassige Anlage empfohlen. Die Zahl der Aktionäre hat sich beispielsweise 1998 auf 4,5 Millionen erhöht.[139] Jede zweite Mark wurde 1998 in Aktien und Investmentfonds investiert, ein Jahr zuvor waren es erst 37%. Der Nettoabsatz von Aktien verdoppelte sich fast auf 8,9 Mrd. DM und kletterte bei Investmentanteilen um rund ein Drittel auf 12,5 Mrd. DM.[140] Dabei werden die Zuwächse der letzten Jahre bei der Anlageberatung einfach in die Zukunft extrapoliert. Es wird argumentiert, daß der Käufer von Anleihen sein Vermögen die letzten 25 Jahre versechsfacht hätte, der Inhaber von Aktien jedoch das Geld verachtzehnfacht hätte.[141] Aktien werden deshalb sogar schon als Weihnachtsgeschenk für Kinder zum Renner. In Amerika werden Papiere von Walt Disney und McDonalds statt Spielzeug geschenkt.[142] In den Niederlanden werden vermehrt Teenager mit ihrem Taschengeld an die Börsen gelockt. Das Motto soll heißen: "Learning by Earning" (lernen durch verdienen).[143] Meist wird auf das herausragende Wachstum der letzten Jahre verwiesen (Abb. 17). Was jedoch am Zuwachs erkennbar wird, ist ein exponentielles Wachstum, also ein sich selbst beschleunigender Vermehrungseffekt. Deutlich wird, daß sich bis 1982 die Börse nur auf und ab bewegte, seit damals jedoch immer schneller zu wachsen begann. Die Ursache ist darin zu sehen, daß die reale Verzinsung in der Wirtschaft langfristig zurückgeht. Mit zunehmender Zeit werden die Märkte gesättigt, ein Wachstum ist immer schwerer zu erbringen. Deswegen weicht das Kapital zunehmend auf den spekulativen Sektor aus, die Börsen fangen an zu wachsen.

Die Kurse werden dabei immer nervöser, letztlich reichen kleine Ursachen aus, um den schnellen Abwärtstrend einzuleiten. Seit 1982 wurde den Anlegern erklärt, daß man bei Rückschlägen auf keinen Fall verkaufen dürfe, sondern im Gegenteil noch Aktien zukaufen solle.[144]

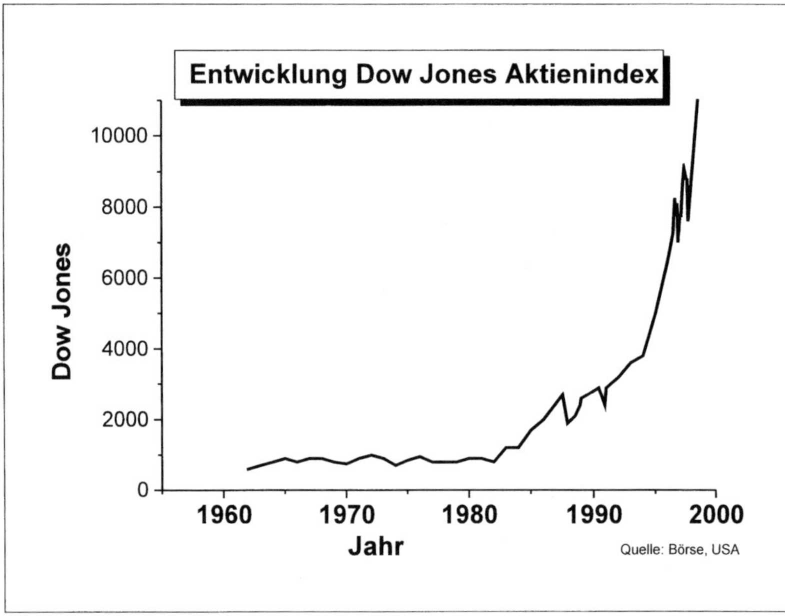

Abb. 17: Entwicklung des Dow Jones Aktienindex in den USA

Dabei folgt der einzelne Anleger oftmals dem Herdentrieb. Der Investment-Professor Werner de Bondt erklärte, daß nur der Herdentrieb die Kurse an den Börsen bestimme. Die Menschen imitierten ohne fundamentale Gründe einfach ihre Mitmenschen. Es werden instinktiv Aktien gekauft, die schon von vielen gekauft werden. Der Fachmann rät dringend davon ab, dem Herdentrieb zu folgen.[145] Daß sich die Entwicklung an den Börsen schon lange von der Realität abgekoppelt hat, zeigen folgende Beispiele: Gewann das weltweite Sozialprodukt zwischen 1980 und 1997 gerade 60% dazu, wuchs das notierte Börsenkapital um fast 1400%.[146] Auch das Volumen des in die Börsen investierten Kapitals entwickelte sich exponentiell:

1984 flossen in den Vereinigten Staaten netto 5,4 Mrd. Dollar in Aktienfonds, 1994 waren es 119 Milliarden, 1997 sogar 227 Milliarden.[147] Wie wenig real eigentlich der Aktienbesitz ist, zeigt auch das Beispiel des Softwaregiganten Microsoft: Während das Unternehmen einen Umsatz von 14,5 Mrd. Dollar macht, stieg sein Börsenwert im Juli 1999 auf über 500 Mrd. DM.[148] Zu bedenken gibt, daß Microsoft, im Gegensatz zu anderen Industriefirmen, wenig Realgüter (Häuser, Fabriken, Maschinen) besitzt, der Aktienwert also zum Großteil rein spekulativ ist. Genauso zeigt das Beispiel von EM.TV in Deutschland die Überspekulation an der Börse. EM.TV ist mit etwa dem 100fachen des Gewinnes an der Börse notiert, was einem Börsenwert von 14 Mrd. DM entspricht. Das ist genauso viel wie die Börsennotierung der Lufthansa - nur mit dem Unterschied, daß EM.TV wenige Sachwerte vorzuweisen hat, während allein die Flugzeuge der Lufthansa etwa 13 Mrd. DM wert sind.[149] Der S&P 500 Aktienindex war im Juli 1999 in Amerika bereits auf das 34fache der damaligen Gewinne gestiegen. Die Börsenkapitalisierung von über 12000 Mrd. Dollar überstieg das Bruttosozialprodukt des Vorjahres bereits um 50%, ein Rekordwert in der Börsengeschichte. Einige Experten warnten schon vor einem massiven Aktiencrash.[150] Die Entwicklung der Internetaktien zeigt ebenfalls, wie unrealistisch die Bewertungen von Aktien oftmals sein können. In fünf Jahren sind 80% der heutigen Internetfirmen wieder vom Markt verschwunden. Von Experten wird oft eine Analogie zur Automobilindustrie der zwanziger Jahren gezogen: Damals gab es in den USA 4000 eigenständige Autohersteller. Heute sind es strenggenommen nur noch zwei: Ford und General Motors.[151] Zunehmend erkennen deshalb kritische Investoren die kritische Lage und stoßen Aktienpakete ab. Vom saudiarabischen Multimilliardär Prinz Al-Waleed wurde bereits Mitte 1999 vor einem massiven Einbruch am Aktienmarkt gewarnt. Der größte Privatinvestor der Citigroup Inc. erklärte, daß US-Aktien überbewertet seien und die leiseste Panik eine große Korrektur auslösen werde. Er selbst werde ab sofort die Finger von Aktien weglassen.[152] Immer mehr renommierte Institute weisen inzwischen auf die Überbewertung der Aktien hin. So warnte das österreichische Institut für höhere Studien (IHS) vor einem gewaltigen Korrekturpotential an der Wall Street. Im günstigsten Fall liege der Rückgang bei 20, im schlimmsten Fall bei über 60%. Das Kurs/Gewinn Verhältnis (KGV) wäre in den letzten Jahren stark gestiegen, was zu einer sinkenden Dividendenrendite geführt habe. In den USA sei das KGV von unter 10 Anfang der 80er Jahre auf nun über 30 gestiegen. Die Dividendenrendite sei gleichzeitig von 5,5 auf 1,5% gefallen. Daraus errechnete das IHS ein Korrekturpotential von bis zu 62%. Bei Aktienrückkauf-Programmen wären etwas höhere Kurse gerechtfertigt, was aber immer noch ein Rückschlagpotential von 40% ergebe.[153] Interessant ist auch die oftmals irrationale Entwicklung von Aktien. Mitte Juli 1998 erklärte der Siemens-Konzern, daß er mit einem Rekordverlust im Halbleiterbereich von über 1 Milliarde Mark für das Gesamtjahr rechne. Normalerweise hätte solch eine Meldung zu einem kräftigen Kursrückgang der Siemensaktie führen müssen, jedoch stieg das Papier augenblicklich um 8,5%. Begründet wurde der Zuwachs damit, daß in Zukunft durch Ausgliederung und Rationalisierung weiteres Wachstum möglich sein müßte.[154]

Es sollte auch bedacht werden, daß in der Vergangenheit die meisten Aktiengewinne nur bei einer kleinen vermögenden Schicht gelandet sind. 90% aller Börsengewinne in den USA sind zugunsten nur 10% der amerikanischen Haushalte gegangen.[155] Doch in der Zwischenzeit stößt die Gewinnerschicht die Aktien ab, welche sofort von der Mittelschicht aufgekauft werden. Wenig bekannt ist, daß reiche Haushalte in Amerika tatsächlich effektiv den Aktienanteil im Depot verkleinern, während die Mittelschicht diesen vergrößert. Bei einem Aktienzusammenbruch würde also die Mittelschicht massiv getroffen.[156] Es scheint, daß Aktieninvestitionen der Mittelschicht nur deshalb in den letzten Jahren empfohlen wurden, damit diese das Potential der Gewinnerschicht vor dem Börsencrash aufkauft.

Dabei wird die Gefahr von Kapitalkrisen mit der Folge eines Börsenkrachs weiterhin unterschätzt. Finanzkrisen wurden Mitte 1999 von den meisten Experten sogar bereits als erledigt angesehen. Die Finanzkrise in den Schwellenländern und die Sorge um Japan seien beseitigt. Der Anstieg von Aktienindizes um 70 und 150% in Singapur und Südkorea seien der Beweis dafür.[157] Sogar zur Zeit der russischen Finanzkrise, als eine reale Gefahr des Systemzusammenbruchs bestand, beruhigten die Anlageexperten und rieten den Anlegern abzuwarten. Es wurde erklärt, daß die Rückgänge mit der um diese Jahreszeit gern auftretenden pessimistischen Stimmung zu erklären seien. Auf keinen Fall solle der Kleinanleger verkaufen, denn der Pessimismus werde sich wieder legen. Es wurden sogar massive Neuinvestments an der Börse empfohlen.[158]

Weil Aktien als eine der ersten Anlageformen von Finanzkrisen getroffen werden, sollten Sie eine solche Investition gut überlegen. Schnell kann im Krisenszenario der Wert Ihrer Aktien weitgehend gemindert sein. Unter Umständen können Sie nach einem Crash die Wertpapiere nicht einmal mehr verkaufen, da nicht genug Käufer an der Börse vorhanden sind. Sie müssen sich immer darüber im klaren sein, daß der momentane Preis Ihrer Aktien nur einen scheinbarer Wert darstellt. Würden Sie als einziger Ihr Depot verkaufen, so könnten Sie den momentanen Wert realisieren, wenn hingegen alle Aktienbesitzer Ihre Wertpapierdepots auflösen, so müßte das Aktienniveau ins Bodenlose fallen. Das bedeutet, daß nur ein kleiner Teil der Anleger sein Geld wirklich zum momentanen Preis realisieren kann. Wenn Sie Aktien kaufen wollen, dann sind solche mit weitreichenden internationalen Engagements zu meiden, da diese sehr anfällig gegen internationale Finanzkrisen sind. Sie sollten sich überlegen, welche Firmen auch nach einer massiven Finanzkrise noch existieren. Am sichersten dürften solide einheimische Versorger zu bewerten sein. Auf jeden Fall sollten von Ihnen Aktien von Unternehmen gemieden werden, welche ein hohes Börsenkapital, jedoch nur wenig Sachkapital im Hintergrund haben. Hier sind Computer-, Internet-, und Telefonanbieter zu nennen. Sehen Sie sich auch die Kurs/Gewinn-Verhältnisse (KGV) an und meiden Sie Aktien mit hohem KGV. Generell sollten Ihre Aktienpakete durch Derivate (Optionsscheine) abgesichert werden. Die Optionen können Sie hier als eine Art Versicherung betrachten, welche es Ihnen gestattet, die Aktien unter der Optionslaufzeit zu einem festgelegten Preis zu verkaufen, auch wenn der tatsächliche Wert durch einen Crash weit abgerutscht ist.

Anleihen

Staatsanleihen werden Ihnen gemeinhin als besonders sichere Geldanlage empfohlen. Besonders wenn Industriestaaten für die Auszahlung garantieren, wird kein Risiko vermutet. Die Anleger vergessen dabei oftmals, daß langlaufende Anleihen erst am Ende der Laufzeit zurückgezahlt werden. Unter der Laufzeit ist der Kurs der

Anleihe von der Veränderung des Zinsniveaus seit der Ausgabe des Wertpapiers abhängig. Steigt der Marktzins, fällt der Kurs der Anleihe, fällt der Zinsfuß, gewinnt der Wertpapierkurs (Abb. 18).

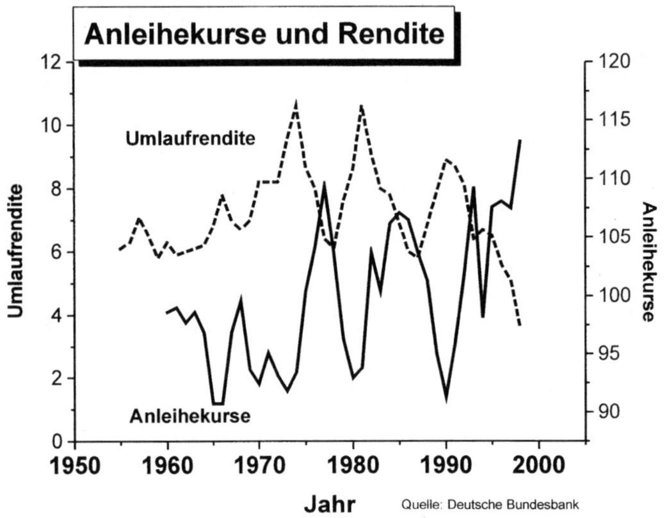

Abb. 18: Anleihekurs und Rendite - gegenläufiger Verlauf

Dabei machen sich kleine Zinsänderungen überproportional beim Anleihekurs bemerkbar: Angenommen, eine langlaufende 5%ige festverzinsliche Anleihe wird zu einem Kurs von 100 herausgegeben und der Marktzins steigt auf 6%, dann fällt der entsprechende Kurs auf 83. Das bedeutet in diesem Fall, daß eine 1%ige Zinserhöhung einen Abfall des Anleihekurses um 17% bewirkte. Eine Zinserhöhung wirkt sich deshalb für Inhaber langlaufender Anleihen fatal auf den momentanen Wert aus. Dabei ist die Wirkung des Zinses umso größer, je länger das Wertpapier noch läuft. Im Falle einer Krise ist mit einem Anstieg des Zinsniveaus und damit Verfall der Anleihekurses zu rechnen. Die Entwicklung des Marktzinses und damit die Kursentwicklung der Anleihen hängt im Normalfall immer von der Inflationsrate ab. (Abb. 19).

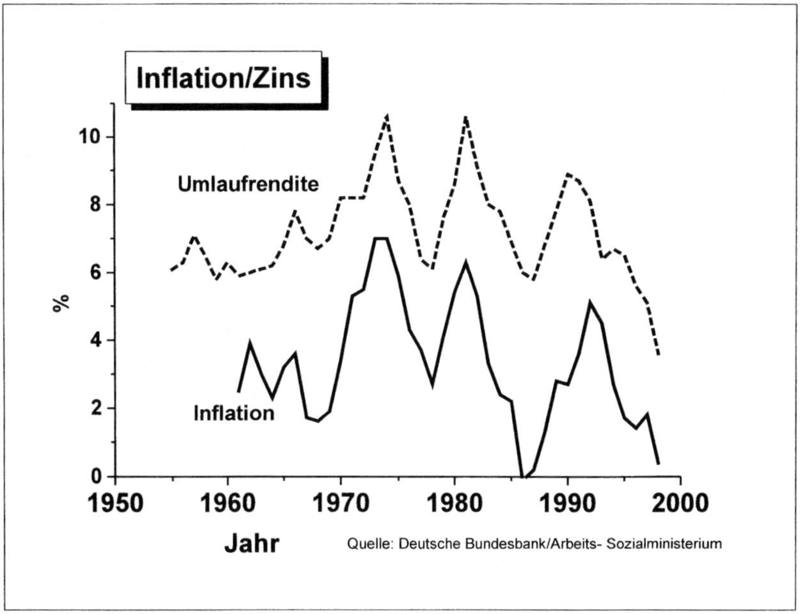

Abb. 19: Inflation und Umlaufrendite festverzinslicher Anleihen

Der Kreditgeber bzw. Anleihekäufer rechnet die zu erwartende Inflationsrate in den Zins ein, um nicht nach der Rückzahlung weniger Kaufkraft zu erhalten, als er ausgeliehen hat. In der normalen Marktentwicklung ist dies der entscheidende Grund für das Schwanken des Marktzinses. Weitere wichtige Faktoren, welche den Marktzins verändern sind der eigentliche Zins, der Risikozuschlag und der Gewinn des Kreditgebers. Der eigentliche Zins ist die Größe, welche aus der Überlegenheit des Geldes über Ware und Arbeit resultiert, sie stellt einen Knappheitsfaktor des Kapitals dar und bewegt sich meist zwischen 3 und 5%.

Bei Preisstabilität entspricht diese Größe dem Anlegerzins bei der Bank, also dem Zinssatz, welchen die Bank für ihre Einleger auszahlen muß. Ein Anstieg dieses Wertes erfolgt meist, wenn die Investitionsbereitschaft gesteigert wird, das heißt, wenn die Nachfrage nach Krediten zunimmt. Der Gewinn des Kreditgebers (Bank) stellt im wesentlichen die Bankenmarge, also die Differenz zwischen Einleger- und Kreditzins dar. Von dieser Differenz bestreitet die Bank ihren Gewinn. Die Bankenmarge liegt im allgemeinen bei 1,5 - 2%. Dabei muß beachtet werden, daß die Kapitalzinserträge der Banken zum großen Teil an die Geldeinleger als eigentlicher Zins wieder ausgezahlt werden. Im Jahr 1997 erreichte die Bankenmarge (Differenz zwischen Kreditzins und Einlegerzins) sogar den Tiefstand von 1,37%.[159] Der Risikozuschlag berücksichtigt die Sicherheit einer Anlage. Deshalb sind Anleihen von Entwicklungsländern höher verzinst als Anleihen von Industrieländern, weil die Sicherheit der Rückzahlung bei letzteren wesentlich größer ist als bei ersteren. In unsicheren Verhältnissen steigt der Risikozuschlag und führt zu einer Erhöhung des Zinsniveaus, auch unabhängig von der allgemeinen Preisentwicklung. Dieser Effekt macht sich seit einiger Zeit schleichend bemerkbar: Obwohl keinerlei Preissteigerungseffekte oder Kapitalknappheit durch vermehrte Investitionen zu verzeichnen sind, steigen die Zinsen an. Offenbar wird die unsicher werdende Lage vom Kapitalmarkt berücksichtigt. Für Inhaber von festverzinslichen Anleihen hat dies sehr unangenehme Konsequenzen: In Krisenzeiten schnellen die Zinsen in kurzer Zeit nach oben, da der Risikozuschlag für Anlagen ausgeweitet wird. Für den Inhaber von Anleihen bedeutet das, daß er beim Verkauf massiv Vermögen verliert. Der Risikozuschlag im Zins erhöht sich auch dann, wenn es zu politischen Verwicklungen und damit Unsicherheiten für die Anleger kommt. In einem solchen Fall verlieren Ihre Anleihen ebenfalls augenblicklich an Wert. Eine weitere Gefahr besteht darin, daß im Krisenfall unter Umständen die Anleihen auf dem Markt überhaupt nicht mehr aufgekauft werden und sich deshalb Ihr Vermögen nicht realisieren läßt. Wie schnell die Entwicklung im normalen Verlauf gehen kann, zeigte Mitte 1999 der Anstieg der Umlaufrendite festverzinslicher Wertpapiere innerhalb von 10 Wochen um über einen Prozentpunkt.[160] Die Entwicklung führte zu einem massiven Verfall von Anleihekursen.

Im Rentencrash 1994 erlitten die Inhaber von Anleihen ebenfalls erhebliche Verluste. Damals schnellte die Umlaufrendite innerhalb eines halben Jahres um mehr als zwei Prozentpunkte nach oben. Riskant wird es, wenn eine inverse Zinsstruktur entsteht, wenn also die kurzfristigen Zinsen höher als die langfristigen werden. Viele Investoren kaufen langfristige Anleihen mit kurzfristigen Krediten, um von der Zinsdifferenz, zwischen Anleiheverzinsung und Kreditzins, zu profitieren. Wenn sich nun das Zinsverhältnis umkehrt, müssen die Investoren verkaufen, um Verluste zu vermeiden - es kommt zum

Anstieg des Anleiheangebotes an der Börse, was die Kurse drückt.[161] Ein Beispiel für massive Verluste der Inhaber von Staatsanleihen war die russische Finanzkrise im Sommer 1998. Nach Abwertung des Rubels wurden die Anleihen, welche im Folgejahr fällig gewesen wären, schnell in drei- bis fünfjährige Papiere umgewandelt. Gleichzeitig wurde die Bedienung von Auslandsschulden für 90 Tage ausgesetzt.[162] Kaum bekannt ist, daß der Markt für Staatsanleihen eine wesentlich größere Rolle für das Finanzsystem spielt als der Aktienmarkt. Dies wurde nach dem Zusammenbruch des LTCM Fonds im Herbst 1998 deutlich. Der Fond war spekulativ auf dem Anleihemarkt tätig. Während die breite Öffentlichkeit auf den Aktienmarkt konzentriert war, spielte sich das Hauptgeschehen auf den vom Volumen her wesentlich größeren Anleihemärkten ab. Auslöser des Zusammenbruchs war das einseitige russische Schuldenmoratorium, wodurch Kreditrisiken neu bewertet wurden.[163]

Eine andere Art von Anleihen, welche immer populärer wird, sind Wertpapiere auf die Einnahmen von Musikern. Die Anleihen werden aus den künftigen Platten- bzw. CD-Verkäufen zurückgezahlt. Das Risiko besteht in den schwankenden Plattenverkäufen des Musikers. Ändert sich beispielsweise der Musikgeschmack, oder wird der Star in einen Skandal verwickelt, können die Plattenverkäufe einbrechen und den Wert der Anleihe gefährden.[164]

Damit wird für Sie deutlich, daß Anleihen nicht die günstigste Anlageform für eine Wirtschaftskrise sein können. Entweder Sie erleiden empfindliche Kursverluste, oder Sie können die Anleihe überhaupt nicht mehr auf dem Markt verkaufen. Auch ein Bankrott des als sicher geglaubten Emittenten, wie der Öffentlichen Hand ist angesichts der Überschuldung keineswegs ausgeschlossen. Wenn Sie Anleihen kaufen wollen, dann sollten Sie solche bevorzugen, welche von soliden, wenig verschuldeten und politisch stabilen Ländern herausgegeben wurden. Die Verschuldung solcher Staaten im Ausland sollte möglichst gering sein und diese Nationen sollten keine festen Wechselkurse besitzen, da sonst die Zahlungsunfähigkeit in einer Währungskrise droht. Wie die Aktien, so können auch Anleihen gegen Kursverlust durch Derivate abgesichert werden.

"Im Herbst 1998 waren die Investmentfonds so an den stetigen Zufluß von neuem Geld gewöhnt, daß sie die niedrigsten Geldreserven in der Geschichte der Fonds unterhielten. Sollte sich dieser Trend gegen sie wenden, werden sie gezwungen sein, Geld aufzutreiben, was den Druck auf die Kurse nur noch weiter verstärkt."

George Soros, Spekulant[165]

Fonds

Wie wir bei der Vermögensbildung sahen, fließen zunehmend Anlagegelder in Investmentfonds. Häufig wird der Anleger durch den Hinweis auf eine breite Streuung der Gelder zur Geldanlage bewegt. Diese Fonds weisen im allgemeinen eine beträchtliche Rendite auf. Berücksichtigen sollten Sie jedoch, daß diese hohe Rendite nur möglich ist, weil die Fonds spekulativ investieren und primär an der Rendite, weniger an der Anlagesicherheit interessiert sind. Um in einem international äußerst harten Wettbewerb bestehen zu können, haben diese nur die Möglichkeit, enorme Risiken, bis hin zum Verlust des Eigenkapitals einzugehen, oder ihnen fließen Anlagegelder ab.[166] Im Krisenfall bedeutet die Investition in einen Fond für Sie mehrere Nachteile. Einmal haben Sie keinen Einfluß auf die Anlagestruktur und sind auch nicht über diese im Details informiert, zum anderen können Sie die Handlungsweise des Fonds im Krisenszenario nicht individuell beeinflussen. Der sicherheitsbewußte Anleger macht sich selbst Gedanken und stellt seine Anlagesektoren eigenständig zusammen. Wenn Sie trotzdem in einen Fond Ihr Geld einzahlen wollen, sollten Sie darauf achten, daß dieser nicht in Ländern stark engagiert ist, welche zu potentiellen Opfern von Schulden- und Währungskrisen gehören. Die Investitionen sollten relativ kurzfristig und wenig spekulativ sein. Generell geht Sicherheit vor Rendite.

Sparbuch

Das Sparbuch wird allgemein als sehr sichere Einlage angesehen. Dies ist unter normalen Umständen richtig. Jedoch sieht dies unter den angenommenen Szenarien einer globalen Finanzkrise anders aus. Spareinlagen sind in Deutschland über den Spareinlagen-sicherungsfond abgesichert. Dieser Fond hat die Aufgabe, die

Spareinlagen einer in finanziellen Schwierigkeiten befindlichen Bank zu sichern. In Klauseln ist jedoch festgelegt, daß die Ursachen für die finanziellen Probleme einer Bank in deren geschäftlichen Verhältnissen liegen müssen. Eine allgemeine Krise der Kreditwirtschaft könne keinen Stützungsfall begründen, heißt es.[167] Das bedeutet, daß im Krisenszenario auch Ihre Spareinlagen nicht abgesichert sind und durch Bankenpleiten verloren gehen könnten. Gleichzeitig kann das Bundesaufsichtsamt bei Konkursgefahr ein sogenanntes Moratorium anordnen und die Schließung des Kreditinstitutes für den Verkehr mit der Kundschaft anordnen.[168] Im Krisenfall besteht also die Gefahr, daß die Schalter, um das Bankensystem vor dem Kollaps zu bewahren, geschlossen werden und Sie jeden Zugriff auf Ihr Vermögen verlieren. Diese Befürchtung hatten viele Anleger zur Beinahe-Finanzkrise im Herbst 1998. Die zweitgrößte Bank der Welt, die schweizerische UBS, mußte zugeben, durch den Bankrott des Hegdefond LTCM über 1 Mrd. Franken eingebüßt zu haben. Die Aktien der Bank stürzten von Juli 98 bis September 98 um 60%. Aus der ganzen Welt wurden daraufhin Gelder abgezogen. Die Sicherheit der Anlagegelder wurde angezweifelt. Gleichzeitig kamen auch andere Großbanken in der Schweiz massiv unter Druck. Meist konnten diese keine Auskunft über die Beteiligung an dem bankrotten Fond geben, da die Banken nicht von den Fondverwaltern über die entsprechenden Beteiligungen informiert wurden.[169] Wichtig für Sie ist es, Ihre Ersparnisse so liquide wie möglich auf dem Sparbuch zu halten. Dies kann etwa geschehen, wenn die Gelder in regelmäßigen Abständen gekündigt werden. Da normale Spareinlagen einer vierteljährigen Kündigungszeit unterliegen, kann alle drei Monate, meist vier Wochen auf das Geld zurückgegriffen werden. Unter dem Krisenszenario ist von langfristigen Anlagen abzuraten, bei denen die höhere Verzinsung durch eine ein- oder mehrjährige Zugriffssperre bezahlt werden muß.

Lebensversicherungen

Die Anlage von Vermögen in Lebensversicherungen wird von immer mehr Anlegern favorisiert, seit bekannt wurde, daß die gesetzliche Rentenversicherung in Zukunft nicht mehr gesichert ist.

Im Jahr 1997 flossen fast 40% der Neuanlagen in die Fonds der Lebensversicherer, Anfang der siebziger Jahre waren es erst 13%.[170] Im Juli 1999 wurden erstmals Vorschläge zur Besteuerung von Kapitallebensversicherungen konkretisiert. Die endgültige Entscheidung im Bundesrat war jedoch erst im November geplant. Sofort setzten massive Anfragen, Kapitalerhöhungen und Neuabschlüße von Kunden ein, welche noch die alte Regelung für 1999 nutzen wollten. Hintergrund waren die bis dahin steuerfreien Zinserträge aus Kapitallebensversicherungen mit langer Laufzeit. Von den Versicherungen wurde geraten, möglichst noch vor Dezember 1999 zu handeln und Versicherungen abzuschließen. Es hieß, daß die Kapitallebensversicherung die größte Sicherheit der Altersvorsorge habe und man schnell einen Vertrag abschließen solle. Lediglich die Verbraucherberatung Nordrhein-Westfalen wies auf die nicht eindeutig geklärte gesetzliche Lage hin. Vor allem "bequeme und risikoscheue" Anleger wurden aufgefordert, ihr Geld in Lebensversicherungen oder Aktienfonds anzulegen. Gleichzeitig wurden Käufer von vermieteten Immobilien angesprochen, denen geraten wurde, den Kredit für die Immobilie am Laufzeitende der Versicherung mit dem eingezahlten Betrag auf einen Schlag abzuzahlen. Dazu sollten ständig hohe Beträge in die Lebensversicherung fließen und nur die Zinsen des Kredites bedient werden. Der Vorteil wären die ständig hohen Zinslasten, welche durch die Fremdvermietung steuerlich geltend gemacht werden könnten. Bei einem normalen Kredit mit Tilgung würde die Zinslast am Ende absinken, was auch eine verminderte Steuerersparnis zur Folge hätte.[171] Fatal wäre dieses Steuersparmodell allerdings für Sie im Krisenszenario: Bei der Versicherung wurden Geldforderungen aufgebaut und durch die Immobilie Schulden gemacht. In der Krise wird die Auszahlung Ihrer Versicherung unter Umständen gesperrt, bzw. das Unternehmen geht bankrott - die Guthaben sind verloren. Gleichzeitig sinkt in der Deflation der Preis Ihrer Immobilie stark und Ihre Mieteinkünfte sind nicht mehr gesichert. Ihr nicht getilgter und damit mit hohen Zinsen belasteter Kredit muß jedoch weiterhin in vollem Umfang bedient werden, was durch sinkende Mieterträge und Einkommen zunehmend schwieriger wird. Gleichzeitig wird die Lebensversicherung als Kreditsicherheit für die Schulden unsicher. Früher oder später droht die Zwangsvollstreckung. Vor solchen "Steuersparmodellen" muß deshalb im Krisenszenario dringend gewarnt werden. Doch auch die Lebensversicherung alleine stellt für Sie keine geeignete Anlage für Krisenzeiten dar. Zu beachten ist, daß einmal Ihr Geld nicht liquide ist, um im Krisenfall reagieren zu können und Ihnen meist keine genauen Angaben der Versicherung vorliegen, wo die Investitionen der Beiträge erfolgt sind. Häufig sind sogar von den Unternehmen riskante Investitionen in Krisenländern vorgenommen worden. Im Zuge einer globalen Kapitalkrise wäre Ihr Geld vom Konkurs des Versicherers bedroht. Wenn Sie bereits eine Lebensversicherung haben, sollten Sie sich um eine Laufzeitverkürzung informieren, bzw. die Einzahlungen reduzieren. Bei einem Neuabschluß gelten die gleichen Kriterien wie für Ihre Anlagebank. Das Versicherungsunternehmen sollte möglichst solide sein und wenig spekulativ tätig sein.

Immobilien

Immobilienerwerb gilt allgemein als erstrebenswerte Anlageform. Nur etwa 40% der Hauhalte in Deutschland verfügt über Wohneigentum, das durchschnittliche Wohn- und Grundvermögen der Privathaushalte betrug 1997 etwa 470000 DM. Vier Fünftel der zwischen 1991 und 1997 aufgenommenen zusätzlichen privaten Kredite diente dem Wohnungserwerb.[172] Die durchschnittliche Kreditbelastungsquote der Häuslebauer ist von 1995 bis 1999 mit 34% des Haushaltsnettoeinkommens etwa konstant geblieben. Die Belastung betrug damit 2051 DM.[173]

Häufig werden fremdvermietete Immobilien Ihnen als sichere Anlageobjekte empfohlen. Da diese Investitionen jedoch sehr langfristig sind, sind sie im Krisenszenario kaum zu empfehlen. Jedoch kann die Anlage auch unter normalen Umständen schnell einen Vermögensverlust bedeuten: Anfang der neunziger Jahre wurden Anlegern oftmals Immobilienkäufe in den neuen Bundesländern als renditeträchtige Objekte empfohlen. Über 250 Mrd. DM privates Kapital floß seit Anfang der neunziger Jahre in den Osten. Anfangs schien das Geschäft lohnenswert, da Bauherren bis zu 50% der Kosten von der Steuer absetzen konnten. Besonders Immobilienfonds waren beliebt, weil sich hier der Anleger nicht um die Objekte kümmern mußte. In großem Stil wurden Büro- und Gewerbegebäude erstellt, der

Markt war schnell übersättigt. In Leipzig war Mitte 1999 jedes vierte Büro ohne Mieter. Die Mietpreise gingen drastisch zurück: 1992 wurde an Spitzenstandorten in Berlin noch 80 DM pro Quadratmeter Bürofläche bezahlt, Mitte 1999 gab es gerade noch 45 DM. In Leipzig fielen die Spitzenpreise von 45 DM im Jahr 1993 auf 22 Mark. Teuer könnte es für die Anleger werden, wenn die Mietgarantien (oft 5 Jahre, ob das Objekt vermietet ist oder nicht) auslaufen. Fonds könnten in Bedrängnis kommen. Viele Anleger bestanden auf der Verlustzuweisung von 100%, um durch die erweiterte Haftung mehr Steuern sparen zu können. Wird der Fond notleidend, müssen solche Anleger Geld nachschießen. Weiter besteht die Gefahr, daß das Finanzamt , wenn die Anlage keinen langfristigen Gewinn abwirft, die Steuervergünstigung nicht anerkennt und eingesparte Gelder zurückverlangt.[174] Beachten sollten Sie, daß der Immobilienmarkt über Jahrzehnte spekulativ überbewertet wurde. In der Krise werden die Preise wieder auf ein realistisches Niveau zurückgeführt. Auch Bauland ist spekulativ überbewertet. In Europa hat Deutschland, neben der Schweiz, die höchsten Baulandpreise. Es drängt sich der Vergleich zu Asien auf: In Japan waren die überbewerteten Gundstückspreise eine der Ursachen für die Wirtschaftskrise seit Anfang der neunziger Jahre. Während des Höhepunktes der spekulativen Phase Anfang der neunziger Jahre war der Grund und Boden, auf dem nur der japanische Kaiserpalast steht, so viel wert wie der ganze amerikanische Bundesstaat Kalifornien.[175]

Bei Immobilien und Grundstücken sollten Sie bedenken, daß diese eine sehr wenig liquide Anlageform darstellen. In der Krise fallen Ihre Mieteinnahmen oder gehen auf Null zurück, weil keine Mieter mehr zu finden sind, oder diese die Miete nicht mehr zahlen können. Auch verfallen die Preise in der Deflation massiv. Oft können Sie dann selbst zu geringen Preisen, gar keinen Verkauf mehr machen, weil die Interessenten fehlen. Wenn Sie die Immobilie auf Schuldenbasis erworben haben, ist die Gefahr noch viel größer - davon ist auf jeden Fall abzuraten. Anders sieht es aus, wenn Sie eine schuldenfreie Immobilie schon besitzen, welche vermietet ist. Hier ist durchaus daran zu denken, insbesondere, wenn genug liquide Mittel für die Krise vorhanden sind, diese zu halten. Auch nach dem Crash werden wieder Häuser benötigt, welche bei einem Währungsschnitt unter Umständen sogar Vorteile versprechen.

Auch die eigengenutzte Immobilie ist in der Krise sehr nützlich, da Sie dann nicht vom Vermieter abhängig sind. Nur sollte dies nicht mit dem Verlust der Freiheit durch Kreditbindung bezahlt werden. Eine Bedrohung wäre in der Krise durch massive Steuererhöhungen gegeben. Da im Zinssystem die Bedienung des Kapitals absoluten Vorrang hat, wäre es möglich, daß der Staat die Grundsteuer drastisch anhebt, um die Staatsschulden weiter verzinsen zu können. Wenn Sie dann keine Rücklagen mehr haben, um die Steuerforderungen ausreichend zu erfüllen, kommen Sie unter Umständen in arge Bedrängnis.

Gold

Nach einem steilen Anstieg der Goldpreise bis Anfang der achtziger Jahre verlor das Edelmetall seither ständig an Wert (Abb. 20). Nur die wenigsten Experten rechnen mit einer nachhaltigen Erholung. Besonders heute werden Sie als Anleger darauf hingewiesen, daß Gold keine Zinsen abwerfe und nur Aufbewahrungskosten verursache. Weiter wird betont, daß das Edelmetall auch in Krisenzeiten, wie dem Irak-Konflikt 1991, kaum an Wert gewonnen hat. Deshalb wird offiziell von einer Anlage abgeraten.[176] Die Erwartung eines Preisverfalls wird im allgemeinen mit einem Abbau von weltweiten Notenbankreserven begründet. Im Durchschnitt der achtziger Jahre betrug der Goldanteil als Sicherheitsreserve der Notenbanken rund 44%. Bis Mitte vergangenen Jahres war dieser Anteil auf nur noch 14% geschrumpft.[177] Der IWF könnte maximal 300 Tonnen, die Schweizer Nationalbank 1300 Tonnen verkaufen, was den Goldpreis enorm drücken würde. In der Vergangenheit wurde ein Preis von 300 Dollar pro Unze als Untergrenze für eine profitable Produktion angesehen.[178] Während der vergangenen 100 Jahre ist mehr Gold gefördert worden als in den vorangegangenen 1000 Jahren. Mehr als drei Viertel des geförderten Goldes entfielen auf in dieses Jahrhundert.[179] Die Verwendung des Goldes hat sich in den letzten Jahren verschoben. Vor 10 Jahren gelangten weniger als zwei Drittel in die Schmuckindustrie, inzwischen sind es mehr als drei Viertel.

Die jährliche Nachfrage nach Gold beträgt etwa 4000 Tonnen. Die Produktion liegt weltweit bei 2500 Tonnen/Jahr. 40% des jemals geförderten Goldes stammt aus Südafrika.[180]

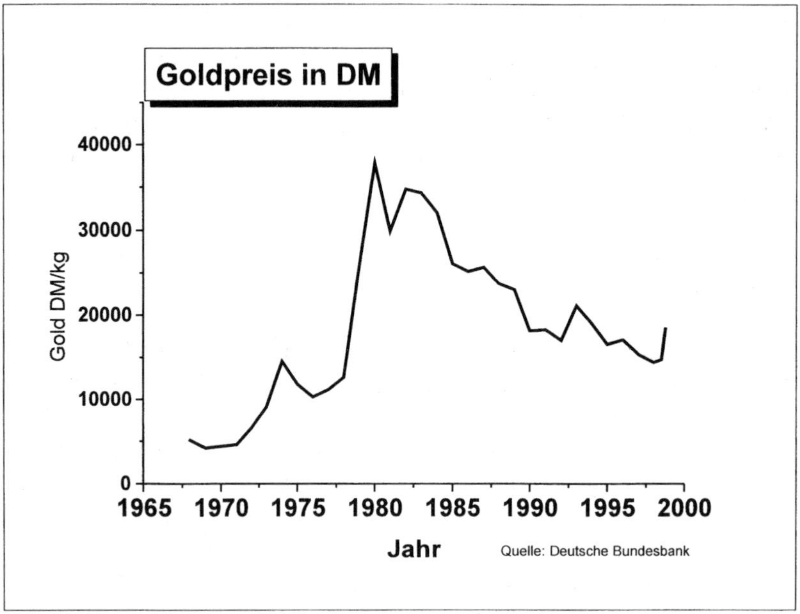

Abb. 20: Entwicklung des Goldpreises

Beim Goldverkauf der Notenbanken fällt auf, daß die geplanten Verkäufe nicht, wie in der Vergangenheit, ohne Aufsehen über einen längeren Zeitraum geschehen, sondern diese lange vor den Aktionen öffentlich angekündigt werden. Damit schaden sich die Banken selbst, da sofort nach einer Ankündigung der Preis des Edelmetalls, in Erwartung eines steigenden Angebotes, weiter fällt. Von kritischen Experten wurde schon geäußert, daß die Ankündigungen absichtlich erfolgen, um den Preis des Goldes künstlich zu drücken, damit bestimmte Institutionen dieses günstig auf dem Markt aufkaufen können. Wie sehr die Experten bei der Annahme sinkender Preise irrten, zeigte sich Ende September 1999, als der Goldpreis innerhalb weniger Tage plötzlich um 30% anstieg. Offensichtlich deckten sich finanzkräftige Investoren mit großen Mengen des Edelmetalls ein.

Da Gold nur in Dollar gehandelt wird, ist für deutsche Anleger der Goldkauf erst richtig rentabel, wenn der Dollarkurs, etwa im Zuge einer Kapitalkrise, stark absinkt. Langfristig ist mit einem Wiedererstarken des Edelmetalles zu rechnen. Als Anlageform eignen sich vor allem weit verbreitete Münzen, welche noch als Zahlungsmittel im Umlauf sind. Im Gegensatz zu Barren besteht hier beim Verkauf eine größere Sicherheit vor Fälschungen, da die Echtheit eines Barrens in der Krise vielleicht nicht mehr auf die Schnelle nachzuweisen ist. Allerdings muß beachtet werden, daß Gold ebenfalls eine sehr wenig liquide Anlageform darstellt, welche im Krisenfall nicht schnell strategisch eingesetzt werden kann. Auch neigen Staaten dazu, in Krisenzeiten Besitzverbote für Gold zu erlassen. Vor allem nach einem Wirtschaftszusammenbruch werden sich Goldanlagen wieder als nützlich erweisen. Auf keinen Fall sollten Sie jedoch Ihre lebensnotwendigen Mittel für einen Goldkauf einsetzen.

Derivate

Die Derivate, also Wertpapiere, welche sich auf eine bestimmte Anlage beziehen, sind in den letzten Jahren fast explodiert. Sie ermöglichen erheblich höhere Gewinne als der Kauf des Basisobjektes. Jedoch besteht meist das Risiko eines Totalverlustes.

Optionsscheine: Für den kleinen Anleger sind besonders Optionsscheine auf verschiedenste Basiswerte interessant. Für einen im Vergleich zum Kauf des Basisobjektes niedrigen Betrag kann hier im günstigen Fall ein enormer Gewinn erzielt werden. Ein Optionsschein hat eine von vornherein festgelegte Laufzeit. Nach der Laufzeit ist der Schein wertlos. Weiterhin lautet der Optionsschein auf einen bestimmten Wert des Anlageobjektes oder einen Index. Wenn der Schein durch sinkende Kurse an Wert gewinnt spricht man von einem "put", im umgekehrten Fall von einem "call". Für den risikofreudigen Anleger mit einem klaren Szenario besteht hier die Möglichkeit, entgegen anderen Anlageformen, auch auf sinkende Kurse zu setzen. Gerade im Krisenfall sind enorme Gewinne zu erzielen, ansonsten drohen massive Verluste.

Gut eignen sich Optionsscheine, um Ihre Aktien oder Anleihen gegen einen Kursverlust abzusichern, wie unter dem Kapitel Aktien/Anleihen erläutert.

Aktienanleihen: Einen großen Aufschwung erlebten in den letzten Jahren auch Aktienanleihen. Auf die Anlagesumme wurde 1999 ein Zins von 20% oder mehr gezahlt. Dabei besitzt die Aktienanleihe einen Basispreis auf eine bestimmte Aktie. Wird diese Grenze unterschritten, so wird dem Anleger am Laufzeitende eine bestimmte Menge Aktien ins Depot gebucht. Wird der Basispreis überschritten, wird der Anlagebetrag mit Verzinsung ausbezahlt. Inzwischen sind verschiedene Varianten dieser Aktienanleihen auf dem Markt erschienen.[181] Für einen Crashfall sind solche Anlageprodukte für Sie kaum geeignet, da Sie einmal Ihr Geld nicht liquide, sondern fest bis Laufzeitende gebunden haben und andererseits nach einem Aktiencrash wertlose Aktien ins Depot gebucht bekommen. Für den Emittenten stellt solche eine Aktienanleihe im Prinzip eine Absicherung der eigenen Aktienbestände dar, welche Sie als Käufer der Anleihe gewähren. Das Risiko tragen im Krisenfall Sie. Generell ist auch für Derivate Ihre Sicherheit nur so groß, wie die emittierende Bank für die Zahlungen einstehen kann. Ist die Bank zahlungsunfähig, so verfällt Ihr Anspruch.

Auslandsanlage

Für Ihre Geldanlagen im Ausland ist die Liquidität noch wichtiger als für Inlandsanlagen. Im Krisenszenario ist unter Umständen der normale Verkaufsweg versperrt, oder der Handel mit Ausländern wird ganz eingestellt. Hier muß schon im Vorfeld einer Krise gehandelt werden, was nur mit kurzfristiger Zugriffszeit möglich ist. Unbedingt gemieden werden sollten Länder mit festen Wechselkursen, da hier die Gefahr von Währungskrisen vorhanden ist. Auch Staaten mit instabilen politischen Systemen sind zu meiden. Gleichfalls müssen selbstverständlich Nationen vermieden werden, welche eine hohe Verschuldung aufweisen, wie beispielsweise Japan oder China. Die USA stellen, entgegen einer verbreiteten Meinung, kein sicheres Land dar.

Einmal ist Amerika weltweit politisch verwickelt, was zu empfindlichen Terroranschlägen führen kann, zum zweiten stellt das hohe Leistungsbilanzdefizit eine große Gefahrenquelle dar. Früher oder später wird es zu einer plötzlichen Marktkorrektur kommen, was ein starkes Absinken des Dollars und einen empfindlichen Schock für die Wirtschaft bedeuten wird. Bei Berücksichtigung dieser Kriterien bleiben eigentlich für Sie fast nur noch europäische Länder, wie beispielsweise die Schweiz übrig.

Krisenplan

Egal für welche Anlageform Sie sich entschieden haben, sollten Sie sich einen Krisenplan überlegen. Hier müssen Sie Möglichkeiten festlegen, welche es erlauben, im Krisenszenario schnell Ihr Vermögen zu sichern. Laufend sollte die Liquidität Ihrer Anlage überprüft werden. Die entscheidende Frage lautet: Wie schnell kann über einen bestimmten Teil des Vermögens verfügt werden? Dabei sollten sich Ihre verschiedenen Anlagen nicht in der Liquidität überschneiden. Das heißt, es sollte nie vorkommen, daß der Großteil Ihres Vermögens in einem Zeitabschnitt völlig festgelegt wurde. Schnelles Reagieren ist für Sie im Krisenszenario entscheidend - Zeit ist Geld. Selbstverständlich sollten Sie den Markt laufend überwachen, um unter Umständen rechtzeitig vorgewarnt zu sein. Alle aus dem normalen Verlauf herausragenden Schwankungen sind zu beachten. Fällt beispielsweise der Dollar plötzlich, oder fallen die Anleihekurse, so ist größte Vorsicht geboten. Ihr Krisenplan sollte auch ein "worst case" Szenario, also eine Handlungsmöglichkeit für den schlimmsten anzunehmenden Fall, enthalten. Was machen Sie mit Ihren Vermögensanlagen, wenn durch eine Krise plötzlich die Bankschalter geschlossen bleiben und gleichzeitig die Regierung die sofortige Einführung von Eurobargeld bei kleinen Umtauschfristen und nur bis zu Maximalbeträgen bekannt gibt? Auch hier sollten Sie eine Lösung gefunden haben, welche zumindest eine eintretende Not verhindert. Auf keinen Fall dürfen Sie sich auf Arbeitslosenunterstützung oder Sozialhilfe verlassen, da diese in der Krise schnell gekürzt oder gestrichen werden. Das Motto lautet dann: "Hilf Dir selbst, sonst hilft Dir keiner."

Währungsreform nach der Krise

Wie die Zustände nach einem Zusammenbruch des Kapitalsystems aussehen werden, kann nicht sicher vorhergesagt werden. Sie reichen von der Möglichkeit einer echten Währungsreform bis zur Möglichkeit eines neuen Weltkrieges. Jedoch sollte auch dieser Aspekt bei der sicheren Vermögensplanung angedacht werden. Oftmals lassen sich aus der Geschichte Schlußfolgerungen ableiten. Hier bieten die Währungsschnitte von 1923 und 1948 interessante Hinweise:

Währungsreform 1923: Nach der Hyperinflation 1923 wurde am 15. November 1923 eine Währungsreform eingeleitet. Dabei wurde eine Billionen Papiermark in 1 Rentenmark umgetauscht. Der Wechselkurs zum Dollar wurde auf 4,2 Rentenmark = 1 Dollar festgesetzt. Bei der Rentenmark handelte es sich um ein Übergangsgeld, welches am 30. August 1924 von der goldgedeckten, frei konvertierbaren Reichsmark abgelöst wurde.[182]

Währungsreform 1948: Nach dem Zweiten Weltkrieg war die Wirtschaft in Deutschland weitgehend zerstört. Das Geld hatte seinen Wert durch Inflation und kriegsbedingte Reduzierung des Warenvolumens eingebüßt. Die Preise waren größtenteils staatlich festgelegt. Deshalb reduzierte sich das Angebot weiter und es bildete sich ein Schwarzmarkt mit hohen Preisen. Unter Führung der USA entschlossen sich die Westmächte, im Westsektor eine Währungsreform durchzuführen. Gedruckt wurden die neuen Geldscheine ab November 1947 in den USA. Vom 11. bis 15. Juni wurde das neue Geld heimlich auf die elf Landeszentralbanken verteilt. Bereits 1946 wurde ein Abwertungsverhältnis von zehn zu eins beschlossen, gekoppelt mit einem Lastenausgleich, um die Gerechtigkeit zwischen Sachwertbesitzern und Mittellosen herzustellen. Der Lastenausgleich sollte durch Zwangshypotheken und Kapitalabgaben derjenigen in Gang gesetzt und finanziert werden, die heil, d.h. ohne Verlust von Haus, Hof und anderem Sachbesitz, davongekommen waren. Erst am Abend des 18. Juni 1948 erfuhr die Bevölkerung die Einzelheiten der Reform. Mit dem Verfall der Reichsmark am 20. Juni 1948 waren alle Schulden des Reiches erloschen.

Private Verbindlichkeiten und alle Bank- und Sparguthaben wurden im Verhältnis zehn zu eins abgewertet. Als einmaliger Betrag waren sechzig Mark in bar für jeden Einwohner der Westzonen vorgesehen, und zwar im Umtausch gegen sechzig Reichsmark. Vierzig D-Mark wurden sofort, also am 20. Juni 1948 gegen Vorzeigen der Kennkarte und Lebensmittelkarte und Ablieferung von sechzig Reichsmark ausbezahlt. Die restlichen zwanzig Mark wurden erst im August freigegeben, um den Markt nicht durch zu starke Kaufkraft zu belasten. Das Kleingeld blieb, auf ein Zehntel seines Nennwertes herabgesetzt, im Umlauf. Rein rechnerisch ergab sich letztlich nach der Umstellung der Bankguthaben eine Umtauschrelation von hundert Reichsmark zu sechs D-Mark und fünfzig Pfennigen. Wer mehr als fünftausend Mark anmeldete, brauchte eine Unbedenklichkeits- bescheinigung vom Finanzamt, und dazu wurden Einkommesnachweise und Steuererklärungen durchleuchtet. Wer zum Beispiel tausend Reichsmark auf dem Konto hatte, erhielt den Betrag auf ein Sperrkonto. Letztlich bekam er nach der Abwertung nur noch 65 D-Mark gutgeschrieben. Schon vor dem 20. Juni 1948 verschwanden die Waren aus den Läden, da die Bevölkerung eine Währungsreform vermutete. Nach Einführung der D-Mark waren die Schaufenster sofort gefüllt und die Preise begannen durch den Ausverkauf zu steigen. Mit der Währungsreform trat das `Gesetz über Leitsätze für die Bewirtschaftung und Preispolitik nach der Geldreform´ in Kraft. Hier kam vor allem die freie Preisbildung, mit den Ausnahmen beispielsweise von Kohle, Stahl, Düngemitteln und Treibstoff geregelt, für welche Höchstpreise von den Behörden festgesetzt wurden. Die Währungsreform begünstigte einseitig die Besitzer von Sachwerten gegenüber den Inhabern von Geldwerten. Deshalb trat im September 1952 das Lastenausgleichsgesetz in Kraft, das vor allem durch Abgaben auf Grund- und Immobilienbesitz finanziert wurde.[183]

Lastenausgleich: Der Lastenausgleich sollte dazu dienen, den Besitz von Sachvermögen in der Bevölkerung auszugleichen. Kernstück war eine Regelung unter dem Namen "Soforthilfegesetz", welches im August 1949 in Kraft trat. Die Hilfe bestand aus einer monatlichen Unterhaltshilfe von 70 Mark. Diese mit Rechtsanspruch ausgestattete Rente war nicht höher als der Durchschnittsbetrag der bis dahin an die Vertriebenen ausgezahlten Fürsorgeleistung.

Sie wurde hauptsächlich durch 2-3prozentige Vermögensabgaben und eine Hypothekengewinn-Abgabe finanziert. Vertriebene bekamen für ihren nachgewiesenen Schadensbetrag eine umgekehrt proportionale Entschädigung gestaffelt von 95% (für Schäden unter 5000 Reichsmark) bis 6,5% (für Schäden über 1 Million Reichsmark). Die Einlösung der Entschädigung war von sozialen und volkswirtschaftlichen Kriterien abhängig. Weiterhin wurde eine am Einkommen und der Vermögenslage orientierte Hausrats-entschädigung für verlorenen Hausrat und ein Ausgleich für zurückgelassene Sparguthaben gewährt. An Alte und Erwerbsunfähige, die keinen Vermögensverlust nachweisen konnten, wurden Kriegsschadensrenten ausbezahlt. Die Beträge des Lastenausgleichs beliefen sich von 1949 bis 1991 auf 121,2 Mrd. DM.[184]

Schlußfolgerungen zur Währungsreform: In den beiden Währungsreformen handelte es sich eigentlich um Währungsschnitte. Das Geldsystem wurde nicht geändert (Reform), sondern es wurde nur das alte Geld in eine neue Währung umgetauscht. Die Fehler im System wurden jedoch nicht angetastet, wodurch die nächste Katastrophe vorprogrammiert ist. Bisher wurde nach einer Krise meist der Geldwert vermindert. Besonders Anleger in Geldforderungen bei der Bank verloren einen Großteil des Vermögens. Sie hatten keinen Zugriff auf ihr Geld und waren auf das Wohlwollen der Regierung angewiesen. Gold hat sich in solchen Zeiten, zumindest langfristig, immer bewährt. Allerdings werden in Krisenzeiten von Staaten häufig Goldbesitzverbote erlassen. Da eine Krise im allgemeinen als Deflation beginnt und unter Umständen später unter einem Krieg in einer Inflation endet, ist für Sie eine flexible Anlagestrategie vonnöten. Der kluge Anleger setzt vor der Krise auf liquide Geldanlageformen, um in der Deflation bei fallenden Preisen auf die Sachkapitalseite zu wechseln.

"Erfolg hat nur, wer etwas tut, während
er auf den Erfolg wartet."

Thomas A. Edison, Erfinder

Zusammenfassung und Schlußfolgerungen

Die Analyse der Vermögensanlage hat uns gezeigt, daß der wichtigste Schritt zu einer sicheren Anlage darin besteht, selbst die Verantwortung für sein Eigentum zu übernehmen. Auf die meisten Experten ist ebensowenig Verlaß wie auf Aussagen von Notenbanken. Als einzig sinnvolle Schlußfolgerung bleibt übrig, daß Sie selbst für sich ein Konzept für Ihre individuelle Anlage erarbeiten müssen. Dabei sind Grundlagen über unser Kapitalsystem entscheidend. Die Betrachtung der Geldentstehung hat uns gezeigt, daß im Geldwesen fundamentale Fehler enthalten sind. Geld soll heute einerseits die Funktion als Tauschmittel, andererseits aber die Aufgabe des Wertaufbewahrungsmittels erfüllen. Jedoch ist die Erfüllung beider Funktionen zur gleichen Zeit unmöglich, da Geld im Tresor nicht gleichzeitig Tauschmittel sein kann. Wir haben gesehen, daß aus diesem Zwiespalt der Geldzins resultiert, welcher die gesamte Wirtschaft zu ständiger naturfremder Expansion zwingt. Der Zins ist nun ein Faktor, welcher für die persönliche Vermögensplanung mehrere Gefahren mit sich bringt. Einmal führt er zwangsläufig zu einer Schuldenkrise, da die Verpflichtungen der Staaten in immer schnellerem Maße durch den Zinseszins anwachsen müssen. Dadurch entsteht auf den Staat ein finanzieller Druck, welcher die Regierungen zwingt, durch Erhöhung der Steuern und Abgaben den Zinsdienst zu ermöglichen. Der Masse der Anleger bleibt immer weniger Geld zum Vermögensaufbau übrig. Gleichzeitig wird ein großer Teil des Einkommens durch eine unrentable Zwangsanlage, der Rentenversicherung, enteignet. Durch das Zinssystem kommt es aber auch zu einer zunehmenden Aufspaltung der Gesellschaft in wenige Zinsbezieher und die Masse der Zinszahler. Wer viel Geld anlegen kann, bezieht einen hohen Zinsgewinn und wird dadurch automatisch reicher. Die übrige Bevölkerung muß direkt und indirekt für die Verzinsung des Kapitals arbeiten und verarmt langfristig.

Der Vermögensaufbau eines großen Teils der Bevölkerung wird dadurch verhindert. Langfristig tendiert der Zins gegen 0 Prozent, weil die Märkte zunehmend gesättigt sind und der Absatz wie die Investitionen zurückgehen. Durch sinkende Investitionen nimmt der Kapitalbedarf ab, und der Zins geht zurück. Zurückgehende Kapitalzinsen lassen jedoch die Bereitschaft der Geldverleiher sinken, das Geld zu verleihen. Der Geldkreislauf kommt damit zunehmend ins Stocken, was wiederum die Preise in einer deflationären Abwärtsspirale herunterdrückt. Durch steigende Unternehmerpleiten und Bankenzusammenbrüche wird Ihr Vermögen gefährdet. Eine weitere Gefahr für Ihr persönliches Vermögen liegt in der Festlegung von Wechselkursen zwischen ungleichartigen Staaten. Durch die Abschaffung von Wechselkurspuffern bauen sich Spannungen auf, welche sich letztlich in Währungskrisen entladen. Hier stellt vor allem die Einführung des Euros, mit festen Wechselkursen, eine nicht zu unterschätzende Gefahr für Ihr Vermögen dar.

Bei der Frage, welche Entwicklung erwartet werden kann, haben wir anhand der Weltwirtschaftskrise gesehen, daß sehr große Parallelen zur heutigen Zeit feststellbar sind. Einmal existiert überall eine enorme Verschuldung, gleichzeitig wurden die Börsen auf Rekordniveaus getrieben und die Wechselkurse wurden weiträumig festgesetzt. Bei der Frage, wie die künftige Entwicklung weitergeht, konnten wir schnell erkennen, daß das offizielle Szenario eines ewigen Wachstums nicht auf Dauer funktionieren kann. Als Auslöser für eine künftige massive Kapitalkrise kommen mehrere Szenarien in Betracht: Einmal könnte ein Aktiencrash ein weltweites Zurückziehen von Kapital, mit der Folge einer Deflation und über Bankenpleiten großen Vermögensverlust für Sie bewirken. Zum Zweiten könnte sich aus systeminternen Gründen eine Deflation entwickeln, welche wiederum einen Aktiencrash auslösen müßte, verbunden mit weitgehender Vermögensvernichtung. Auch die Gefahr von Währungskrisen, insbesondere für den Euroraum, stellt einen denkbaren Ablauf dar. Ebenso ist der Ausbruch einer weltweiten Schuldenkrise, durch Ausfall eines wichtigen Schuldners, wieder verbunden mit Kapitalrückzug, Deflation und Schaden für Ihr Vermögen, denkbar.

Bei der Verteilung des Geldvermögens konnten wir erkennen, daß dieses zunehmend in langfristige Anlagen umgeschichtet wurde. Bei der Vermögensplanung spielt Ihre gewählte Anlagebank eine entscheidende Rolle. Diese sollte keinesfalls auf dem Kapitalmarkt spekulativ tätig oder in Investments weltweit verwickelt sein. Aktien werden im Krisenfall als erste betroffen. Auch bei Anleihen besteht das Risiko des Kursverfalls. Auf jeden Fall muß auf die Auswahl und die Sicherheit geachtet werden. Hier stellt das traditionelle Sparbuch mit Mindestkündigungszeit eine weit bessere, weil sicherere Alternative dar. Entscheidend bei der Krisenvorsorge ist der Unterschied zwischen Geld und Geldforderungen. Während Geld ein verbrieftes Recht ist, ausgedrückt in Banknoten und Münzen, stellen Geldforderungen, also alle Anlagen bei Banken, nur Versprechen auf Geld dar. Wird das Versprechen nicht mehr eingelöst, ist die Geldforderung wertlos. Ihr Bargeld gehört deshalb in der Krise zu den sichersten und flexibelsten Anlageformen. Demgegenüber sind Lebensversicherungen sehr wenig liquide. Ihr Vermögen ist langfristig festgelegt und Sie haben keine Kontrolle über die Investments der Versicherung. Immobilien sind nur gut, wenn sie nicht mit Schulden belastet sind. Überhaupt sollten Sie sich vor einer Krise nicht verschulden. Mit Krediten verlieren Sie die Freiheit und Sie sind völlig dem Gläubiger ausgeliefert. Vor Schulden muß deshalb eindringlich gewarnt werden. In allen Anlagefällen sollte von Ihnen ein Krisenplan erstellt werden, welcher Maßnahmen festlegt, wie das Vermögen im Szenario gesichert werden kann. Wie es nach dem Crash weitergeht, kann niemand mit Gewißheit sagen. In der Vergangenheit hat sich in der Krise die Geldseite, vor der Währungsreform die Sachkapitalseite als lohnend erwiesen.

Mancher Leser wird nach dem Studium des Buches erschüttert feststellen müssen, wie labil unser System und damit das sicher geglaubte Vermögen ist. Es ist zu hoffen, daß Sie mit den Hinweisen aus diesem Buch ihr Vermögen sichern können. Jedoch sollten Sie nie vergessen, daß die persönliche Vermögenssicherung und Strategie nur deshalb nötig ist, weil das Kapitalsystem von vornherein falsch aufgebaut ist. Es kann für Sie deshalb wenig sinnvoll sein, zwar jetzt das Vermögen retten zu können, jedoch schon bald wieder die nächste Krise erleben zu müssen. Schon im Grundgesetz der Bundesrepublik Deutschland heißt es: GG §14 Abs. 2) "Eigentum verpflichtet. Sein Gebrauch soll zugleich dem Wohle der Allgemeinheit dienen." Das gerettete Vermögen sollte also auch so eingesetzt werden, daß die Fehler im System beseitigt werden können. Es kann Ihnen als Anleger, welcher sein Vermögen sicher durch die Krise gebracht hat, auch aus Eigennutz nicht gleichgültig sein, wenn der Großteil der Bevölkerung mittellos dasteht. Ihre eigene Sicherheit verlangt nach einem stabilen System. Der echte Egoist kann nur in einer Welt glücklich sein, welche allen erlaubt, glücklich zu sein. Wie eine generelle Systemstabilisierung erreicht werden kann, wurde im Buch "Sprengstoff Geld - Wie das Kapitalsystem unsere Welt zerstört" exemplarisch aufgezeigt. Wenig bekannt ist, daß es Möglichkeiten einer Systemänderung gibt, welche es erlauben, eine Stabilisierung zu erreichen. Die wenigsten wissen auch, daß es in unserer Geschichte schon mehrere Male ein zinsfreies, stabiles System gab, einmal sogar 300 Jahre lang. Eine nähere Beschäftigung mit dem Geldwesen, über die Anlagensicherung hinaus, ist deshalb für Sie unverzichtbar. Mögen die Hinweise in diesem Buch Ihnen, als auch der Welt zu einer besseren Zeit verhelfen.

Für Vorträge und Seminare steht der Autor zur Verfügung:

Günter Hannich, Postfach 22, D-87493 Lauben

1 Frankfurter Allgemeine Zeitung, 20.5.99
2 Die Welt, 3.5.99
3 Frankfurter Allgemeine Zeitung, 28.4.99
4 Die Welt, 2.6.99
5 Frankfurter Allgemeine Zeitung, 23.6.99
6 Die Welt, 27.4.99
7 Focus, 36/1995
8 Frankfurter Allgemeine Zeitung, 6.3.99
9 Handelsblatt, 6.9.99
10 Süddeutsche Zeitung, 24.12.98
11 Grundlagen aus: Silvio Gesell, Die Natürliche Wirtschaftsordnung, 1916
12 George Soros, Die Krise des globalen Kapitalismus, 1999
13 Prof. Ruhland, System der politischen Ökonomie, Band 1-3, 1903-1908
14 Prof. Dr. Helmut Hesse, Deutsche Bundesbank Auszüge aus Presseartikeln, 14.1.1997
15 Süddeutsche Zeitung, 25.6.99
16 Handelsblatt, 30.6.99
17 Bundeshaushaltsplan, eigene Berechnung
18 Süddeutsche Zeitung, 2.6.99
19 Süddeutsche Zeitung, 24.12.98
20 Rentenberechnung durch PC-Programm Rentenversicherung 1996; Bundesministerium für Arbeit und Sozialordnung
21 Die Welt, 13.9.99
22 UNO, Bericht über die menschliche Entwicklung 1996
23 Handelsblatt interaktiv, 12.7.99
24 Südwestpresse, 23.4.1997
25 Süddeutsche Zeitung, 6.11.1997
26 Frankfurter Allgemeine Zeitung, 11.2.99
27 Deutsche Bundesbank, Monatsbericht 6/99
28 Creutz Helmuth, Das Geldsyndrom; tel. Rückfrage 12/97
29 Die Welt, 22.7.98
30 Handelsblatt interaktiv, 19.2.99
31 Die Welt, 15.4.99
32 Deutsche Bundesbank, Jahresabschlüsse westdeutscher Unternehmen, 4/97
33 Süddeutsche Zeitung, 19.11.98
34 Handelsblatt interaktiv, 12.7.99
35 AFX News, 15.2.99
36 Focus online, 26.2.98
37 Handelsblatt online, 22.1.1999
38 Deutsche Bundesbank, Auszüge aus Presseartikel, 4.5.99
39 Frankfurter Allgemeine Zeitung, 18.8.98
40 Der Spiegel online, 14.9.98
41 Die Welt, 20.7.98

[42] Süddeutsche Zeitung, 23.7.98
[43] Süddeutsche Zeitung, 21.1.1999
[44] Deutsche Bank Börsennachrichten online, 28.1.1999
[45] Handelsblatt online, 20.1.1998
[46] Handelsblatt online, 8.1.1999
[47] Handelsblatt online, 1.2.1999
[48] Die Welt, 12.1.1999
[49] Frankfurter Allgemeine Zeitung, 2.2.1999
[50] Handelsblatt online, 22.1.1999
[51] Handelsblatt online, 15.1.1999
[52] Frankfurter Allgemeine Zeitung, 17.12.1998
[53] Handelsblatt, 25.3.99
[54] Augsburger Allgemeine Zeitung, 4.9.99
[55] Die Welt, 7.9.99
[56] Handelsblatt, 17.8.99
[57] Die Welt, 22.6.99
[58] Frankfurter Allgemeine Zeitung, 17.2.1999
[59] Inter Info 8/99; Internationaler Hintergrundinformationsdienst
[60] Inter Info, Internationaler Hintergrundinformationsdienst, 6/99
[61] Rheinischer Merkur, 19.2.99
[62] Deutsche Bundesbank, Auszüge aus Presseartikeln 2.12.98
[63] Hugo Ritter, Der Mensch und das Geld, 1954
[64] Canadian Geographic Dec. 89/Jan 90 The Great Depression
[65] Bundeszentrale für politische Bildung, Weimarer Republik, Informationen zur politschen Bildung, 4. Quartal 1998
[66] Die Welt, 30.9.98
[67] International Herald Tribune, 19.8.99
[68] Frankfurter Allgemeine Zeitung, 18.3.99
[69] Die Welt, 2.1.98
[70] Handelsblatt interaktiv, 15.7.99
[71] Frankfurter Allgemeine Zeitung, 11.6.99
[72] Die Welt, 28.7.98
[73] Frankfurter Allgemeine Zeitung, 18.5.99
[74] Frankfurter Allgemeine Zeitung, 27.4.99
[75] Frankfurter Allgemeine Zeitung, 11.8.99
[76] Handelsblatt interaktiv, 7.6.99
[77] Frankfurter Allgemeine Zeitung, 6.5.99
[78] Handelsblatt interaktiv, 9.9.99
[79] Frankfurter Allgemeine Zeitung, 5.7.99
[80] Süddeutsche Zeitung, 16.6.99
[81] Hamburger Abendblatt, 26.2.99
[82] Frankfurter Allgemeine Zeitung, 19.8.99
[83] Süddeutsche Zeitung, 2.3.99

84 Handelsblatt interaktiv, 28.5.99
85 Handelsblatt interaktiv, 10.5.99
86 Bundesanstalt für politische Bildung, Weimarer Republik, Informationen zur politschen Bildung, 4. Quartal 1998
87 Die Welt, 24.8.99
88 Der Spiegel online 24.9.98
89 Süddeutsche Zeitung, 21.12.98
90 Frankfurter Allgemeine Zeitung, 27.5.99
91 Augsburger Allgemeine Zeitung, 20.5.99
92 Frankfurter Allgemeine Zeitung, 13.8.98
93 Süddeutsche Zeitung, 2.11.98
94 Handelsblatt, 27.1.99
95 Deutsche Bundesbank, Auszüge aus Presseartikeln, 2.12.98
96 Frankfurter Allgemeine Zeitung, 12.11.98
97 Süddeutsche Zeitung, 20.7.98
98 Frankfurter Allgemeine Zeitung, 12.8.99
99 Frankfurter Allgemeine Zeitung, 24.3.99
100 Frankfurter Allgemeine Zeitung, 19.1.99
101 Deutsche Bundesbank, Auszüge aus Presseartikeln, Interview mit Prof. Dr. Jochimsen
102 Börsen Zeitung, 23.3.96
103 Handelsblatt interaktiv, 15.2.99
104 Frankfurter Allgemeine Zeitung, 19.1.99
105 Frankfurter Allgemeine Zeitung, 22.12.98
106 Süddeutsche Zeitung, 30.7.99
107 Frankfurter Allgemeine Zeitung, 31.8.98
108 Frankfurter Allgemeine Zeitung, 24.9.98
109 Die Welt, 30.4.98
110 Handelsblatt, 14.7.99
111 Die Welt, 21.5.99
112 BHF Bank, Wirtschaftsdienst Nr. 1926, 24.3.99
113 Der Spiegel, 21.12.98
114 Süddeutsche Zeitung, 9.7.99
115 AFX News, Deutsch Bank 28.1.99
116 Handelsblatt interaktiv, 7.9.99
117 Frankfurter Allgemeine Zeitung, 19.2.99
118 Frankfurter Allgemeine Zeitung, 18.2.99
119 Die Welt, 11.8.98
120 Handelsblatt interaktiv, 8.3.99
121 Frankfurter Allgemeine Zeitung, 9.3.98
122 Frankfurter Allgemeine Zeitung, 21.9.98
123 Frankfurter Allgemeine Zeitung, 13.1.99
124 Der Spiegel, 14.12.98

125 Frankfurter Allgemeine Zeitung, 15.10.98
126 Frankfurter Allgemeine Zeitung, Magazin 10/98
127 Deutsche Bundesbank, Monatsbericht Januar 1999
128 Süddeutsche Zeitung, 20.5.99
129 Prof. Dr. Artur Woll, Beschäftigung, Geld und Preisniveaustabilität - Empirische Untersuchung zum Inflationsproblem, Land Nordrhein-Westfalen, 1977
130 Die Welt, 24.8.98
131 Frankfurter Allgemeine Zeitung, 11.9.98
132 Handelsblatt interaktiv, 29.10.98
133 Handelsblatt interaktiv, 6.11.98
134 Die Welt, 14.1.99
135 Handelsblatt interaktiv, 11.6.99
136 Der Spiegel, 12.4.99
137 Die Welt, 8.6.99
138 Handelsblatt, 19.19.99
139 Spiegel, 28.12.99
140 Die Welt, 3.2.99
141 Frankfurter Allgemeine Zeitung, 11.11.98
142 Die Welt, 22.12.98
143 Die Welt, 8.12.98
144 Frankfurter Allgemeine Zeitung, 25.11.1998
145 Frankfurter Allgemeine Zeitung, 20.5.99
146 Der Spiegel, 8.9.97
147 Die Zeit, 12.5.99
148 Süddeutsche Zeitung, 19.7.99
149 Die Welt, 13.9.99
150 Die Welt, 9.7.99
151 Frankfurter Allgemeine Zeitung, 1.3.99
152 Die Welt, 30.8.99
153 Die Welt, 3.9.99
154 Börse online, Bayerischer Rundfunk, 16.7.98
155 Augsburger Allgemeine Zeitung, 20.3.99
156 Die Zeit, 12.5.99
157 Handelsblatt interaktiv, 1.7.99
158 Süddeutsche Zeitung, 25.8.99
159 Deutsche Bundesbank Monatsbericht 6/1998
160 Süddeutsche Zeitung, 12.7.99
161 Süddeutsche Zeitung, 11.3.99
162 Handelsblatt interaktiv, 17.8.98
163 Frankfurter Allgemeine Zeitung, 25.9.98
164 Frankfurter Allgemeine Zeitung, 18.2.99
165 George Soros, Die Krise des globalen Kapitalismus, 1998

[166] Börsen Zeitung, 9.9.99
[167] Bestimmungen für den Sparkassen-Stützungsfond, Fassung vom 16.9.98
[168] Grillpercinsky, Bankbetriebslehre
[169] Frankfurter Allgemeine Zeitung, 2.10.99
[170] Handelsblatt interaktiv, 14.10.98
[171] Süddeutsche Zeitung, 10.9.99
[172] Deutsche Bundesbank, Monatsbericht Januar 1999
[173] Süddeutsche Zeitung, 1.9.99
[174] Süddeutsche Zeitung, 1.6.99
[175] Frankfurter Allgemeine Zeitung, 19.8.99
[176] Die Welt, 12.7.99
[177] Frankfurter Allgemeine Zeitung, 14.5.99
[178] Die Welt, 29.4.99
[179] Die Welt, 9.7.99
[180] Frankfurter Allgemeine Zeitung, 14.7.99
[181] Die Welt, 6.9.99
[182] Bundesanstalt für politische Bildung, Weimarer Republik, Informationen zur politschen Bildung, 4. Quartal 1998
[183] Bundesanstalt für politische Bildung, Deutschland 1945-1949, Informationen zur politschen Bildung, 2. Quartal 1998
[184] Bundesanstalt für politische Bildung, Deutschland in den fünfziger Jahren, Informationen zur politschen Bildung, 3. Quartal 1997